以色列马伽术
徒手格斗大全

［法］理查德·杜耶布 ｜ ［法］雅恩·维耶朗 ｜ ［法］贾迈勒·瓦齐内　著
［法］嘉艾堂·伯纳德　图
洪安琪　译

中国轻工业出版社

理查德·杜耶布

理查德·杜耶布是欧洲以色列马伽术联合会（FEKM）的主席，该协会目前有19000名会员。他有以色列国家军事联合会颁发的证书，目前是徒手格斗黑带教练，在巴黎的特莱维斯俱乐部教课。

1993—2005年，他是法国国家宪兵特勤队（GIGN）的唯一教官，同时教授自我防卫术和近身格斗术。

他是整个欧洲近身格斗术的先驱，被伊米·利希滕菲尔德（以色列近身格斗术的创始人）指定为这一门学术的欧洲代表。

雅恩·维耶朗

雅恩·维耶朗从 2000 年开始在理查德·杜耶布就职的俱乐部里练习马伽术，在杜耶布的培养下成为教练。

成为黑带之后，他在上塞纳省开了一间自己的俱乐部，叫作 KMC92，如今已有超过 450 个会员。他也负责欧洲以色列马伽术联合会在英国的发展，并为国防部的工作人员进行培训。

贾迈勒·瓦齐内

贾迈勒·瓦齐内为马伽术黑带，也是埃斯特雷圣丹尼马伽术学校的创始人和负责人。

他从小就对英式拳击着迷，他也试过其他的运动，例如踢拳。19 岁时，他成为这两个运动的教练，教出了很多冠军。2000 年起，他师从理查德·杜耶布和让·吕克·雷耶，开始练习马伽术。

嘉艾堂·伯纳德

嘉艾堂·伯纳德是摄影师、图像工作者，他所拍的肖像作品十分出色，经常出现在报刊上，他也和时尚巨头（迪奥、路易威登等品牌）进行长期合作。

他兴趣广泛，是一位勤勉的体育爱好者，从 2011 年起练习马伽术。这一本关于马伽术的作品也让他的专业知识更加丰富。

序言 6
本书指南 10

PART 1　徒手技巧 /15

01 在中立位击打 /19

02 面对拳击的防卫与反击 /51

03 面对踢腿的防卫与反击 /67

04 从被锁喉和被抓住的位置脱身 /95

05 面对武器袭击的防卫术 /127

06 面对持刀攻击的防卫术 /141

07 面对持枪威胁的防卫术 /185

PART 2　实战练习 /213

PART 3　作者问答 /265

序言

近几年，在电影或广告中，我们都能看到以色列近身格斗术，也叫马伽术的身影。其实，从很久以前开始，它已经不再是仅限于军队内部使用的训练科目。现在，是时候让大众通过本书了解这门格斗术了。

法国有很多武术爱好者，而在各种武术中，自我防卫术的市场每天都在扩大。马伽术逐渐为人所知，越来越受到认可，以至于如今，它的威望高到所有其他武术都自称起源于它并从中获得灵感。它一如所有的伟大品牌，总逃不过被抄袭篡改的命运。

这就是为什么我觉得有必要将马伽术的创始人伊米·利希滕菲尔德亲自交给我的理论原原本本地传达出来。

我十分幸运，能跟随伊米学习整整24年，他待我如父。他不仅传授给我一系列技巧的组合，更让我深入了解个人防卫术的推理方式和在日常生活中的应用，让我始终在保留基本教理和创造力的基础上，密切关注未来马伽术可能出现的发展和改进。从更广的层面上，他释放了我对世界和对人的看法。这个影响伴随我整个职业生涯和个人生活。我花费了很多时间来消化他教给我的东西，现在是时候将之传递出来了。

我在1987年开设法国（也是全欧洲）第一间学校。最初，我认为这个学校会像个工作坊，因此想一周教一两节课。第一天的时候学校只有三个人（包括我在内），渐渐地，学生数量越来越多。但是第一年结束的时候，我们还是一个业余爱好者的小团体。

4年后，随着马伽术越来越出名，模仿者也开始出现，数量还不少。我多次被邀请在法国和附近国家主持培训，因此，10年之后，为了持续发展壮大，我决定成立欧洲马伽术联合会。出版本书的目的也是为了让关于马伽术的一切得到保存。

我十分尊敬伊米，追随他一直到他1998年去世为止。我们的武术也必须蕴含他展示出的正念和善意。伊米看似自我矛盾（真的自相矛盾吗），因为他既是一位战斗英雄，又是一名人道主义者，对待他人始终无比尊重和谦恭。我们的协会也应当承袭这些美德，这本书也应当全部归功于他。如果没有这些内涵，本书将失色很多。

在很长一段时间里，以色列和周边的阿拉伯国家关系十分紧张，我亲眼目击一次非常激烈的场景：我们的一位教官在课上拒绝教授一名阿拉伯学员。很显然，产生这种尴尬的局面与一个人的身份或学识无关，也与他从事的格斗方式无关，而是源自他对待生活和对待人的看法。马伽术的首要目标之一，就是将所有对它感兴趣的人联合起来，聚集到团结的精神中，不论他是哪种人，不论他的出身和宗教信仰是什么。当极端主义盛行之时，所有以这种精神为出发点的行为，不论多微不足道，都应当受到欢迎，因为它是马伽术创始人精神的延续。

再回到马伽术本身，初学者通常都是为了学习一些"技巧"，在受到攻击时能够保护自己。这对于前来学习自我防卫术的人再正常不过了。

为了在上课前打好基础，要明白：在面对一名没有武器但是很果断的袭击者时，全身而退是不可能的。如果那个人手持武器，或者人数众多，甚至是多人持武器的情况，打斗的结果就更不能确定了。

总有更加险峻的特殊情况：

当对方是多人，手持武器，而你正躺在沙滩上；

你光脚走在砾石沙滩上，而对方都穿着鞋；

你的手腕正好扭伤了或发着烧……

即便你的状态很好，打斗的结果都未可知。这完全取决于你是谁，而袭击你的人又是谁。你的年龄、身高、体重是多少？而你的对手人数又是多少？你当时的精神状态如何？你是否刚刚和伴侣吵过架？你是否得到了心仪已久的新职位？你是否已经失眠了好几天？你是否有个让你兴奋不已的新计划？比起将要与你打架的那个人，你的决断力水平如何？对一个个体来说，这些元素每一天都在不停变化当中。

总的来说，要接受未知的结果，并把所有的可能性都放在一边。

你将在这本书里学习到的所有技巧不能保证让你在所有身体对抗中取胜。当然，细心的学习和重复练习能够让你避免犯严重的错误，这些技巧掌握得越娴熟，就有更多的机会从危险的境地脱身。

我经常举一个学生在克雷泰伊（译者注：克雷泰伊，是法国法兰西岛大区马恩河谷省的省会城市，位于巴黎东南部郊区）遇到的事情为例，这事儿发生在20世纪90年代初。他当时15岁，被父亲强迫来上我的课。最初他就不是很乐意，来了几周，训练了脚法，学习了一个短距离阻刀的基本招式，之后就消失了。不久之后，他的一个朋友来跟我叙述了他的遭遇。他在地铁上被一个想要偷他外套的罪犯袭击了。小偷一开始挣脱了，但是那个学生抓住了他并把他按在了墙上。小偷不肯投降，掏出一个锥子从上方攻击我的学生。我的学生使出了阻击前臂的招式，同时用他的另一只手给出了一拳。袭击者跌落到了地铁的铁轨上。当时，这个事件在克雷泰伊引起了不小的轰动。几天后，这个年轻人回到了学校向我致谢。

我并不主张强迫任何人都来学习马伽术，尤其当他不想坚持下去的时候。但是在这个实例中，当我看到这个对练习兴趣了然的年轻人能够本能地使用防卫术和反击术，我在惊讶的同时，也十分高兴。

当打斗时间被拖长，结果将会很难预料。罪犯有可能更强壮，身体对抗能力更强，但是自我防卫能力很差（也有可能相反）。打斗期间，如果你很完美地防御住了一次进攻，战斗就可能结束了。这就是自我防卫术的第一要义：学习能够让你脱身的技巧，哪怕是让你逃跑的招式。

之后，想要在这门武术上更进一步的练习者可以在实战中完善技艺。实战是马伽术理论的重要补充，为了更好地理解它，我必须要说明：实战必须完全开放。

每一项成为竞技格斗运动的武术都必须设立一些禁忌规则。例如，在松涛馆流空手（译者注：也被称为松涛馆空手，为最早创立的日本空手道流派，空手道也是由他们所命名而闻名于世。现今为日本最主要的空手道四大流派之一，创始人为船越义珍）中，我们不能够击打腿部；跆拳道里，禁止击手；在泰拳中，禁止用头撞击或袭击生殖器。幸亏有这些规则的制定，避免运动员受到致命伤害。但如果袭击者攻击这些禁忌部位而被袭击者不知道如何正确防卫，会怎么样呢？很显然，被袭击者很有可能被击倒。

面对袭击，为了能够很好地应对，伊米把袭击可能性放大到了360度。没有任何一个动作、一个袭击对你来说是陌生的。你必须熟悉地感应观察任何一种攻击方式：站着的、坐着的、躺着的、在黑暗中、面对明晃晃的武器、在水中以及面对袭来的火器。

这就是为什么在马伽术的格斗中，教练只要保证学员保持身心平衡，始终对彼此保有尊重的态度就可以了，而永远不会去强加任何规则，要明白，在对峙中，袭击者可不会遵守任何限制。正因为如此，在格斗中有任何比赛的想法都是荒唐的。

当我1973年16岁回到以色列时，我的脑袋里只有一个想法：学习空手道。我是看着李小龙的电影长大的一代，所有人都认为他在电影中展示的是空手道。很不幸的是，在我生活的基布兹，我只能学到马伽术。之后，当我加入军队，我的上级把我送到马伽术军事教官处实习，也就是在那儿，我遇到了伊米。最初，对我来说，马伽术只不过是一门学科，和其他学科没什么区别。

1980年，我回到法国之后，我练习了别的武术，例如日本柔道。我参加了几次全接触锦标赛，也去别的自我防卫术学校试了试课。44年不间断的每日练习之后，我可以很直接地说，没有任何一种方法比马伽术更加逻辑严密，也更实用。我这么迟才意识到自己"偶遇"这个练习系统，以及遇到伊米是多么的幸运。我只有回到法国，找到用来对比的东西之后才能领悟。尽管如此，我必须要说，在其他格斗体育中，我也遇到了很多有能力和天赋的人。

尽管生活在法国，我还是会经常回到以色列，在伊米的指导下精进我的练习。1987年，我偶然地发现了一本叫作《空手道和武士道》（译者注：法国武术权威杂志）的杂志，第一次向人们介绍了马伽术和其创始人。我那时已经决定停止比赛，但还在练习踢拳（译者注：踢拳是一种站立格斗技，可以使用拳击及踢腿攻击）。我当时正好需要一个理由，而这篇文章的出现恰到好处，于是我开设了法国，也是全欧洲的第一个马伽术学习班。我最后一次参加了培训，成为教练。这个培训为期3周，只有马伽术棕带或黑带才能参加。

学习结束后，我告诉伊米我的计划。我早知道他会很开心，但看到他开心的程度，还是让我很感动。几个月后，他任命我为他的欧洲代表，我深感荣幸。

今天，我们的联合会是会员人数最多的。总共有19000人，而且超出了欧洲范围，延伸到了美国、加拿大和墨西哥。欧洲以色列马伽术联合会保证教授的马伽术是最正宗的，并且在不断进步中，但绝对尊重伊米的精神和他教授的技术原则。

理查德·杜耶布

本书指南

马伽术是什么？

在希伯来语中，马伽术是近身格斗的意思。它是以色列军队、警察和安保部门正式采用的自我防卫术和格斗系统。以色列国家教育部有关的单位也教授马伽术。马伽术是由伊米（1910—1998）创立并发展壮大的，他的职业生涯横跨多种学科，他最初是军队里的搏斗术首席教官，之后在民间授课。

马伽术被分为两种主要技巧：

自我防卫是最主要的。它包括一系列变化多样的技巧，能够让人在受到攻击的时候进行自卫。面对不同的攻击方式，例如拳击或脚踢，扼住咽喉或被扣押，甚至是带着武器的攻击（棍棒、刀、被手枪或手榴弹抵住威胁），都有招式能够破解。练习者会学习施展马伽术的方法和技巧，在众多"通常的"状况下，还有在一些不太容易施展动作的不利状况下，例如在黑暗中或被困在电梯里，在火车上或飞机上，在坐着或躺着的情况下。

自由搏斗是马伽术的晋级阶段，它会教你快速有效地压制住对手。这个部分包括了格斗中的元素：战术、假动作、不同的攻击组合、打斗心理等。

马伽术既有身体层面的训练，也有头脑层面的训练，比如让自己的精神更加坚定，并有能力在激烈的对抗中降低紧张感。这个方法被用在以色列大多数精英部队的训练中，并在实际战斗中被证明有效。

马伽术并非基于传统武术上的改良，它是现代的，它的特色是在现代思维的基础上发展出来的自然、实用、简单，它的基本动作相对容易，并且根据人体结构发展而来。

工作模式往往源自现实生活。马伽术的目的是救命，让人们有和暴力对抗的能力。因此，不能设置规则或限制。也是因为如此，作为现实中的格斗体系，它无法成为用来比较输赢的体育竞赛。

马伽术诞生于一个暴力频发的环境，尤其是在政治和意识形态领域中。

这个环境让它得以检验、学习和改进，以此证明它包含的技巧在面对巨大危险时，确实能够发挥自卫的作用。这也是为什么它能够获得全世界这么多专业人士和机构的认可。

马伽术的历史

伊米在斯洛伐克（过去的捷克斯洛伐克共和国）的布拉迪斯拉发（译者注：斯洛伐克的首都和最大城市，位于斯洛伐克西南部，多瑙河的左畔，紧邻奥地利和匈牙利两国边境，是世界上唯一同时与两个邻国接壤的首都）长大并受教育。他的父亲萨穆埃尔是马戏团的杂技演员，也是一名摔跤者。他在布拉迪斯拉发开设了第一间体能运动的学院，取名为"赫拉克勒斯"。随后，他加入警察部门，先是做警探，后来成为监察长，并在那里服务了30年。他成功实施了无数次逮捕，尤其是制服一些危险的犯罪分子，因此小有名气。除了当警探，萨穆埃尔还花很多时间为当地警察教授自卫术，强调在面对普通公民和面对犯罪分子时，遵守道德规范的重要性。

在这个令人尊敬的父亲的激励下，伊米从事过很多体育运动，最终选择体操、拳击和摔跤。在10年中，他积极参加了很多个全国和国际大赛，获得了无数奖牌，尤其是摔跤这个项目上。在1930年，法西斯主义刚刚抬头的时候，他积极加入了斗争，组织了一群运动员，为保卫犹太民族，向法西斯刽子手开战。在这期间，他参加了很多格斗，这让他越来越意识到街头格斗和作为体育竞技的格斗有本质上的不同。与此同时，一些基本概念开始形成，之后成为马伽术的基础。

随着斯洛伐克的环境逐渐恶化，伊米的社会运动开始受到官方的排斥。最终，他不得不离开布拉迪斯拉发以及他的家人和伙伴。1940年，他沿着多瑙河进行了史诗般的长途跋涉，来到黑海，之后经过地中海，最后到达中东。

从最初登上了一艘移民的船只Pentcho号，到之后进入捷克军团，他度过了英勇无比的两年。最后，他到达了以色列（彼时还被称为巴勒斯坦）。他进入了哈加拿（Haganah，犹太人成立的准军事化组织），当他的技能得到认可之后，他就开始教授他们自我防卫的技巧。他之后又进入以色列国防军（Tsahal，宣布独立之后新成立的以色列军队）教课。在军队中，他成为军校教官，教授体能课和马伽术。

在军队服役的20年中，伊米在培训教官和精英部队的同时，发展出了自我防卫和近身搏斗体系。他退休之后，为了将马伽术应用到日常生活中，以保护受到威胁的男人、女人和孩子，他全身心地投入其中。从1964年起，马伽术不再是一种秘术，伊米培训了一群获得以色列教育部认证的教官，在各个阶层的人群中教授马伽术。

1978年，伊米和他的一些弟子创立了第一个马伽术协会，这是一个志愿协会，目的是在全世界推广马伽术。自从收到以色列教育部，以及其他国家（尤其是美国、巴西等）的认可后，他经常受到私人和公共机构的邀请，定期授课。

伊米创立的马伽术遵从道德规范和人类规范，强调人类是一个整体。非暴力及人道主义是伊米本人人格基础的延展。

伊米于1998年1月9日去世。他的教员有责任在尊重他一直坚守的价值观的同时，延续他的教学。

对有效性的探寻

马伽术认为，在面对身体攻击时，"简单"是争取最大限度获救的关键。简单的动作要短，才能快速且不让人产生疲劳。曾经很不幸地在街上被攻击过的人应该了解：几秒钟内，你的体能就可能消耗殆尽，而这和个人的身体状况无关。体能好的人和差的人区别在于前者可以狠狠地发动多次攻击，赢面相较后者会大一些。然而，在长时间的战斗中，他们都一样会精疲力尽。使用"简单的动作"有两个理由：一个是最大限度地保留体能，另一个是短距离的动作出击速度更快。

所有涉及搏斗的运动，例如柔道、空手道、跆拳道、中国功夫、英式（或法式、美式）拳击练习者都赞同我的观点：要练习数月，甚至数年才能很好地掌握一门技艺。无论哪种门派，只要掌握熟练，都能让你在打斗中占有优势，这是毋庸置疑的。但是，这些运动都有一个弱点：就是规则。实际上，制定这些规则都是为了保护练习者拥有健康的身体，以便能够继续精进。只有不断进步，才能在竞技比赛中不断获胜。然而，这些人无法应对规定动作禁止的攻击，也不能在受到这样的攻击时做出潜意识的反应。在马伽术中，我们当然也会有一些安全规定，让练习者能够安全地进阶到更高级别，但我们的目标是让练习者熟悉所有的动作，任何形式的攻击对他来说都不陌生，据此做出条件反射般的回击。

因此，我们会在格斗中用各种各样的攻击模式来训练学员。我们教他如何在被扣住、被掐住，或者被抓住头发时，或从各种各样的情况下挣脱出来。追求目的性，就是马伽术最显著的特征。我们不追求美感：效率是第一位的。

当我们的对面有一个人决定要谋害我们，他或多或少会散发出一种不自在的情绪。不管在什么情况下，只要我们能够控制住自己的情绪（害怕或愤怒），就能做出必须做的事情，本能地寻求活下去。如果不能，动作就会不连贯、幅度大、紧张、精疲力尽，而且缺乏精准，呼吸也不能够平顺。当然，这不代表我们一定会输，但是如果不能做到最好、最有效，赢面一定会小一些。

当受到严重攻击时，最重要的是救自己和身边人的命。之后，根据伊米所传授的伦理学，我们要试着尽可能控制自己，不去杀害或造成无法医治的伤害。做到这一点，我们已经进入艺术家的范畴。

PART 1 徒手技巧

马伽术是一门很特殊的学派，它的动作技巧建立在现代性和创新性的原则之上。

为了让它绝对有效，学习马伽术必须在掌握要领的同时，时刻思考如何运用它来自卫。

就像它的创始人所希望的，马伽术在本质上要做到有效、简单和直接。

有效：因为在纯粹并且真实的自我防卫中，练习者不应当给自己设置任何限制、任何禁忌、任何规则。

只有这样，为了自卫（必须是正当且必要的自卫），他必须瞄准袭击者最脆弱、最敏感的部位。在训练时，要重复练习，才能准确瞄准这些部位，之后再根据自己的能力、目标和位置采用一连串的自卫式攻击。

简单：因为你可能有很多选择方式，练习者应当选择最简单的。

优势是很明显的：最简单的动作最容易学习、记住，在面对袭击者这样最紧张困难的时候也最容易使用。

简单并不意味着容易。这种本质上的简单在练习之初需要最严格的训练，即使技巧简单，所需的精准性和熟练度并不低。

直接：意思是练习者学习将马伽术中的技巧组成的动作姿势在最短距离内使用，如击打、躲闪、挡开、移动。

这个"最直接的距离"有很多好处：保持体力，因为越短的动作越省力；实施防卫的速度越快，但是要对选择的方式保持清醒和明确。

以上是对马伽术三原则的逐一陈述，马伽术是一项丰富的运动，它始终不停地在改进，这将让你在生活中面对危险、袭击和暴力时找到最全面最有效的解决办法。

希望所有人都能够平安！

开始练习吧！

01
在中立位击打

徒手技巧

在中立位击打（没有防卫者）

拳击 /

• 左直拳

用最前面的掌骨①击打，拳头和前臂在一条直线上，以避免受伤。另一只手举高。立刻回到防卫的姿势，以防袭击者乘其不备出手。

> **目标**
> 在对手出其不意地状态下出拳。如果先摆出防守的动作再出拳，只能提醒对手你已经准备好要攻击了。

注①：掌骨是指手掌上的五根骨头，每一根都和腕骨相连。

特写

挥拳要从中立位开始。在做动作的同时,左脚可以向前一小步,缩短两人之间的距离。注意:不要把脚迈到挥出去的拳头前面。记住,拳头顺着前臂的方向,以保护手腕不受冲击。距离长的话,重量放在前面的脚上。

徒手技巧 在中立位击打（没有防卫者）

拳击 II

- 左勾拳

手上没有保护套，要握紧拳头，掌心朝向你自己。

建议
在挥拳的瞬间，大臂肌肉完全收紧。

特写

注意手背的方向不能朝上。实际上，在没有拳击手套来保护拳头的情况下，这个手势能够保证你用手上最硬的骨头来击打。

| 徒手技巧 | 在中立位击打（没有防卫者） |

拳击 III

· 左上勾拳

拳头从下向上，腿先是微微弯曲，在击打的一瞬间伸直。

建议
整个躯干顺着击打的方向一起移动，以便达到最佳效果。

特写

要从防守位开始出拳,或者在中立位向前迈一步。腿伸直能给予动能,拳头随着整个躯干向上移动。

徒手技巧

在中立位击打（没有防卫者）

肘击 /

· 环肘击

#01 用前臂靠近手肘的部位完成击打。你的手肘弯曲着向目标抬高，肩膀、躯干、髋关节和脚跟都要用力。

#02 #01的正面图示。

> **建议**
> 要转动胸腔和髋部来保证你身体的力量也在击打中发挥作用。

特写

肘击和勾拳的攻击距离一样。我们在这里可以看到:为了加大攻击力,髋部也参与了进来。

徒手技巧 — 在中立位击打（没有防卫者）

肘击 II

· 上击

就像上勾拳一样，整个身体也要跟随肘击的方向轻微向上。

建议

注意不要太过于暴露自己，当手肘向上，会将你的两肋都露出来，易于被反击。

特写

这样的肘击方式用得不多,但它会为你增加攻击力。但是注意不要把胳膊抬得太高,也不要过久地停留在这个动作上,一旦完成攻击就退回原位。

徒手技巧

在中立位击打（没有防卫者）

肘击 III

· 向后侧肘击

为了让身体的重量都发挥作用，另一侧的脚尖要旋转。

建议

针对任何角度来的攻击，马伽术都试着研究防卫式反击的对策。如果袭击者从后面袭来，这一招就有用了。

特写

假如袭击者在你的背后,在这个位置中,你有两个选择:逃跑或者转身防卫。在任何情况下,都不要远距离背对袭击者。

徒手技巧

在中立位击打（没有防卫者）

肘击 IV

· 直接后肘击

发动攻击的那只胳膊不要离胸腔太远，否则攻击力会减弱。

特写

这个动作很简短,但是很有力量。右手已经举了起来,为之后转身正面对抗中发起另一个击打或防卫动作做准备。

| 徒手技巧 | 在中立位击打（没有防卫者） |

肘击 V

· 向上后肘击

肘部从下至后上方攻击。从这个动作开始，另一只手已经做好防卫姿势，为接下来的动作做准备。

建议
两个膝盖都向上伸直会为这个动作增强力量。

特写

在这种向上的攻击中,股四头肌和背部比髋部的作用要大。注意,动作幅度不要太大,以便快速转换到下一个自我防卫的动作上来。

徒手技巧

在中立位击打（没有防卫者）

踢腿 /

- 直踢

#01 过渡动作。

#02 髋部上提，伸直腿，鞋子里的大脚趾向上翘起，以便于用脚趾下方的肉垫攻击。

建议
髋部肌肉要收紧，让攻击有力量。

特写

在直腿踢中，我们可以用脚掌攻击。但我更愿意用脚趾下方的肉垫，因为它是脚趾下方最硬的部位。这样做有两个好处：攻击面积越小，就越"深入"，而且脚的长度增加了。因此，即使穿着鞋，你也要学习或重新习惯把脚变长，并且勾起脚趾。

徒手技巧　　在中立位击打（没有防卫者）

踢腿 II

· 边腿

#01 过渡动作。

#02 这个动作可以用脚底、小腿胫骨或脚趾下方的肉垫来完成。

建议

如果你的身体比较僵硬，对准袭击者的膝盖或大腿踢去。

特写

要想完成一次完美的边腿踢，胸腔不能太向前，否则重心不稳，力道也不强。

徒手技巧

在中立位击打（没有防卫者）

#01

#02

踢腿 III

• 侧踢

#01 过渡动作。

#02 踢腿的位置在肋骨高度，这是最有效的，因为这样，你的对手无法接近你。

建议
根据你自己的柔软度，瞄准袭击者从膝盖到脸部的范围。

特写

发动侧踢会消耗很多能量。相对前面几个踢腿动作,这一招用得比较少,但即便如此,也最好掌握并了解它。

徒手技巧 — 在中立位击打（没有防卫者）

踢腿 IV

· 后直踢

这种踢法让你的身体前倾，能够迅速逃跑。

目标

不管袭击者在什么位置，你都能用这一招自卫，尤其是从后方来的攻击。

特写

这一招,也叫驴踢,在自卫术中是不可忽视的。如果你被跟踪,或追赶,可以使用它。因为如果掌握得好,你甚至可以在走路或跑步时使出这招。要注意保持身体平衡……

徒手技巧　　在中立位击打（没有防卫者）

顶膝 /

· 直顶膝

大腿向前伸长，攻击对方的身体。很适合从下至上攻击对方的下巴。

建议
和"袭击者"配合练习，可在没有抓住他和抓住他的两种情况下练习。

特写

图中很明显能看到髋部的摆动。在多数情况下,这个动作是接在另一个动作之后,或者是在紧抓住袭击者的情况下做出。

| 徒手技巧 | 在中立位击打（没有防卫者） |

顶膝 II

· 环绕顶膝

这个动作是在袭击者的侧面完成的。

建议

为了能够用上髋部的力量，支撑体重的脚向外侧打开。

特写

为了保持平衡，我反复提到，注意头部不要向后倒。

徒手技巧 — 在中立位击打（没有防卫者）

#01

#02

#03

防卫姿势

注意：所有身体重心发生移动的动作，甚至是所有的位移，都要轻盈并且保持身体平衡。

#01 右侧面图：手举高，前臂和大臂几乎垂直，后脚跟轻轻抬起。

#02 左侧身60度图：两条腿不要分得太开，身体重量基本均匀分布在两腿之间，身体有些微微向后倾。

#03 正面图。

目标
侧身60度能够让你避开朝内的直击和朝外的边腿踢，也方便抓住袭击者。

建议
重复练习将身体重量从一条腿转换到另一条。

特写

防卫姿势是必须掌握的。从做出这个动作开始，袭击你的人就知道你有自我防卫的意识。它能够让你更好地保护自己。在整个打斗过程中，我们强烈地建议你永远不要忘掉这个动作。

02
面对拳击的防卫与反击

徒手技巧

面对拳击的防卫与反击

#01

#02

面部直拳 /

抵挡和反击必须是同时进行的，这是两只胳膊同时做出的一个动作。

#01 起始姿势。

#02 袭击者出右直拳；防卫者左手掌向下抵挡，同时出右拳。

建议

做抵挡的那只手直接向下，而不要先抬高，再落下。

特写

在攻击的同时将袭击者的胳膊向下抵挡，防卫者的重心会改变不少，胸腔会向前。你如果想要抓住对手的话，可以使用这个技巧。

徒手技巧

面对拳击的防卫与反击

#01

#02

面部直拳 II

在这个技巧中，不仅要同时做抵御和反击两个动作的同时，头部也要向袭击者的手臂外侧转动。

#01 起始姿势。

#02 袭击者出右直拳；防卫者左手掌由外向内侧挡，同时出右拳。

建议

不要把袭击者的手臂挡得幅度太大，以免妨碍到自己右手的反击。

特写

在这个防卫技巧中,要有意识地挺直胸腔,以便于发起一系列的踢腿动作。

徒手技巧　　面对拳击的防卫与反击

#01

#02

躯干直拳 /

做这个抵挡姿势时，无法同时使出反击招式。因此，抵挡要尽可能简短，以便一结束就朝袭击者反击。

#01 起始姿势。

#02 袭击者出左直拳；防卫者右前臂抵挡要从外向内。注意：防守的前臂与大臂几乎是垂直的。

建议

在这个姿势中，受保护面积较大，包括从手掌到肘部。因此反击只能发生在抵挡之后进行。

有多种可能的反击方式，例如：

#03 左直拳。

#04 朝生殖器踢去。

徒手技巧 — 面对拳击的防卫与反击

#05 朝脸部环绕肘击。

#06 朝脸部顶膝盖。

特写

在这种情况下，用左直拳进行抵御会更容易。但如果你从一开始就感觉到了对手会做什么动作，或者你的身体面朝前，你也可以像图片中展示的一样进行抵御，它可以让你的对手吃惊不已，更便于对他发动反击。

徒手技巧 — 面对拳击的防卫与反击

#01

#02

#03

#04

躯干直拳 II

这是另一个抵挡朝躯干部位袭来的直拳的技巧。当袭击者的距离较远时，它很有效。

#01 袭击者出右直拳；防卫者右手向外下方抵挡，同时，左脚向左侧边移动。

#02 重心来到左脚之上，你可以很轻松地用右脚直踢出去。

#03 你可以接着用左拳打向对手的面部。

#04 抓住袭击者的胳膊，将他按倒在地板上。

特写

这个前臂抵挡的姿势对灵活性的要求很高。它可以让身体重心发生改变,不容易被打中,在发动反击时的角度隐蔽性也更高。

徒手技巧 — 面对拳击的防卫与反击

右摆拳

面对近距离的摆拳，在防御时，肩膀要尽可能地参与，保证防卫的效果。

#01 起始姿势。

#02 袭击者出右摆拳；防卫者用左前臂向外挡开，右手同时准备反击。

> **建议**
> 不能用手背进行抵挡。手背的骨头很脆弱，在面对摆拳带来的冲击下，容易受伤。

#03 右手直拳向前。

#04 抓住袭击者的左手臂和肩膀，踢向对手的裆部。

徒手技巧 #05 — 面对拳击的防卫与反击

#05 最后，用一个环绕肘击结束打斗。

特写

面对摆拳，没有比这种直接向右挡开更好的防卫姿势了。如果抵挡得好，会为防卫者制造更好的反击机会。

03
面对踢腿的防卫与反击

徒手技巧　面对踢腿的防卫与反击

朝躯干直踢 /

这个抵挡方式的原理和抵挡朝身体的直拳是一样的。要使用好前臂内侧（肌肉）来向侧挡开踢过来的脚，避免袭击者的小腿胫骨对手臂的冲击。

#01 起始姿势。

#02 袭击者左脚直踢；防卫者右前臂向内侧挡开。

#03 右手掌直接打向袭击者的脸部。

#04 左手抓住袭击者的左手,左脚直接踢向袭击者裆部。

徒手技巧

面对踢腿的防卫与反击

#05

#05 你可以接下来抓住袭击者左手的几根手指或实施掰指控制术（译者注：摔跤、柔道中的一种技巧）。

建议
如果袭击者踢腿的位置在手肘微微靠下的位置，你可以屈膝。胸腔要尽可能保持正直。

特写

这个抵挡方式和56页中的一模一样,只是拳击换成了踢腿。因此,用一个手臂进行抵挡防卫是更容易的。相较于56页的动作,有一点很重要:这个动作的前臂与地面要更加垂直,以防小腿胫骨的大力冲击造成伤害,以至于不能做出之后的反击动作。

徒手技巧 — 面对踢腿的防卫与反击

#01

#02

朝躯干直踢 II

这个抵挡方式和之前是一样的，两个手臂都可以进行。如何选择取决于支撑点和你们之间的距离。

#01 起始姿势。

#02 袭击者左腿直踢；防卫者左手或左前臂向左下方挡开，同时右脚向右侧移动。

建议

腿比手臂要结实很多，因此，注意手臂不要完全伸直。

#03 左脚直接踢向裆部。

#04 如果你不想重伤对手,右肘紧接着从上到下向肩胛骨的位置顶。但当你无路可退的时候,瞄准脊柱的位置顶。

徒手技巧

面对踢腿的防卫与反击

#05 右腿将对手扫倒在地。

#06 找到你的重心,看看对手,决定接下来该怎么做。

建议

理想中的接触点最好是前臂内侧,如果困难的话,手掌上相对坚硬的部位(靠近手腕处)也可以。

特写

这个挡开的原理和60页的相同，能够让你被攻击的范围变小。不过，它需要防卫者的灵活性较好。

徒手技巧 — 面对踢腿的防卫与反击

朝裆部直踢

总是用最靠近袭击者的那一条腿进行阻挡,或者用在防卫位置时靠前的那一条腿阻挡。

#01 袭击者朝你的裆部踢腿;你可用左边的小腿胫骨朝外挡开。

#02 朝脸部一记直拳。

#03 紧接着左手掌朝脸部掌击。

#04 然后右手掌朝脸部掌击。

徒手技巧

面对踢腿的防卫与反击

#05

#05 最后用膝盖顶向裆部,结束打斗。

特写

朝生殖器踢一脚是很简单、直接、快速的,同时也相当危险。而这个防卫动作是一个更加简短、易操作的防卫招式。你只需要抬起前侧的腿,将攻击的腿向内侧挡开。这时,你的躯干重心要微微向后倒,这样才能给前腿反击空间。

徒手技巧 面对踢腿的防卫与反击

#01

#02

#03

#04

朝裆部直踢 II

当袭击者从较远距离向你踢过来的时候，可以用这个招式。

#01 起始姿势。

#02 用左脚的锋利部位（背骨）或脚跟进行阻挡。

#03 左手朝脸部直拳。

#04 紧接着右手朝脸部直拳，并抓住袭击者的右臂。

#05 然后抓住他的肩膀。

#06 用右腿扫对方的脚。

徒手技巧
#07
面对踢腿的防卫与反击

#07 将袭击者放倒在地。

> **建议**
> 重心必须完全放在后侧的腿上,让前腿完全自由。

特写

为了将冲击力降到最低,在对方把攻击的腿完全伸直之前,你可以尽可能快地阻挡,以防止对方踢腿的力量达到最大。

徒手技巧

面对踢腿的防卫与反击

#01

#02

高边腿

袭击者如果边腿技术掌握得好，可以造成很大的攻击力。这时，要用两个胳膊的前臂内侧同时阻挡。

#01 起始姿势。

#02 袭击者右侧高边腿；防卫者两个前臂同时阻挡。

建议

这个招式能够很好地减轻踢腿的冲击力，受伤的可能性较小。

#03 抓住袭击者的右手腕,左手朝脸部直拳反击。

#04 边腿踢向裆部。

徒手技巧

面对踢腿的防卫与反击

#05 接着向外侧扫腿。

#06 根据需要来采取之后的招数。

建议

训练的时候，试着越早阻挡高边腿越好，身体微微向前倾，一只手在对手大腿的位置，另一只手在对手膝盖的位置。

特写

阻挡的一瞬间,注意要将手掌转向袭击者的方向,以便让前臂上肌肉较多的部位接触他的腿。

徒手技巧　面对踢腿的防卫与反击

#01

#02

#03

#04

高边腿 II

和之前的技巧一样，但是这个动作针对的是左腿。

#01 起始姿势。

#02 袭击者用左边腿踢向你；用两个前臂同时挡开。

#03 左直拳打向他的脸部。

#04 抓住他的右臂，朝脸部侧肘击。

> **建议**
> 这里的阻挡方式更加简单，因为你基本不需要移动就能挡开。

特写

这个阻挡动作的变体是两个前臂一个朝上,一个朝下,这样能够在更大范围内保护自己的躯干。

徒手技巧

面对踢腿的防卫与反击

低边腿（又叫低踢）

为了遵从马伽术的原则，有些攻击需要使用能够在瞬间发挥最大冲击力的阻挡招数。

#01 起始姿势。

#02 袭击者底边踢；防卫者用小腿胫骨阻挡。

#03 左手朝脸部直拳。

#04 紧接着右手朝脸部直拳。

徒手技巧

面对踢腿的防卫与反击

#05

#05 抓住袭击者左手的手指，并朝裆部直踢。

建议
练习用你小腿靠上的部位（较坚硬）来接触袭击者小腿胫骨的下端（较脆弱）。

特写

为了避免和袭击者的胫骨形成正面的冲击，保持你阻挡的腿稍稍弯曲（角度比90度稍大一些）。

04 从被锁喉和被抓住的位置脱身

徒手技巧
从被锁喉和被抓住的位置脱身

#01

#02

#03

正面掐住

被袭击者掐住脖子的时候，第一个反应应该是在最短的时间内能让自己重新呼吸，因此要用最有效的攻击手段来自我防卫。在这个情况下，这一页的#02、#03两个动作是同时进行的。

#01 起始姿势。

#02 袭击者用两只手掐住你的脖子。

#03 为了脱身，两只手同时打向他的手腕，越靠近大拇指的位置越好，将手推开的同时，膝盖向他的裆部顶去。

建议

将你的上半身向后倾，以避免袭击者用头撞击你，同时让腿更有力量。

特写

这个角度能更直观地看出髋部明显向前,而上半身向后倾。这个姿势让袭击者无法用头部撞击你的头,你自己也可以把腿伸得更长。

徒手技巧

从被锁喉和被抓住的位置脱身

#01

#02

侧面掐住

如同之前的防卫术，抓住袭击者的手和反击是同时进行的。尽管离袭击者距离很近，但不能太急于去攻击袭击者的裆部。

#01 起始姿势。

#02 袭击者一抓住你的脖子，你就抓住他的左手，然后用右手打向他的裆部。

建议

从一开始，你的头部就要离开中位，以防袭击者用头撞击你的头。

#03 用肘部上击。

#04 朝太阳丛直踢过去。（注：太阳丛又称腹部神经丛，分布于腹腔器官周围，是交感神经和副交感神经的分支，在遭到猛击后会出现反射性心跳、呼吸减慢、血压降低，甚至休克。因此在拳击中，能否有效打击肋骨下三角部位的太阳丛是目标之一。）

徒手技巧 从被锁喉和被抓住的位置脱身
#05

#05 用一记朝脸部的环绕肘击结束打斗。

特写

在这个位置,防卫者的重心向脚后侧偏移,袭击者必须要靠得足够近才能抓住脖子。如果他再离更远,防卫者可能应该将重心向前脚掌偏移一些。在第一种情况下,防卫者通过重心后移增加了距离,以便于手有空间袭击裆部;在第二种情况下,防卫者需要重心前移来靠近,才能够到生殖器,或者用肘部攻击袭击者的躯干。

徒手技巧

从被锁喉和被抓住的位置脱身

后面掐住

你的身体第一反应时的动作和逃脱技巧同样重要。它会让袭击者处在不舒服的位置，让他的动作效率降低。

#01 起始姿势。

#02 袭击者从后面用两只手掐住你的脖子；扣开他的大拇指，同时身体向前倾，将左脚向斜后方退一步。

建议

在#02、#03、#04步骤中，双膝的动作要对加强攻击力度起到帮助。

#03 用你的右手直接攻击袭击者的裆部。

#04 从后方用手肘上击。

徒手技巧

从被锁喉和被抓住的位置脱身

#05 掉头转身直接朝脸部给他一拳。

#06 紧接着朝裆部一记直踢。

建议

挣脱的时候,你的手指要用力地紧绷,指尖弯曲,五个手指几乎是紧紧并住,大拇指紧贴着手掌边缘。

特写

从这个图中,很明显能看出防卫者的重心偏离了中位,向左后侧倾斜,这能让你处在最佳的位置上,朝袭击者的生殖器实施反击。

徒手技巧 — 从被锁喉和被抓住的位置脱身

#01

#02

#03

#04

锁头

当袭击者用这种方式控制住你时，他的目标是把你放倒在地。

#01 起始姿势。

#02 袭击者从侧面用手肘锁住你的头。

#03 立刻将左腿向前迈一步，用左手掌击打他的裆部。右手从他的肩膀上方绕过去找他的面部。

#04 抠他的眼睛或鼻子之后，右手可以用力抓，让他仰面向后倒。左手可以抓住他的左腿，或者什么都不做，为后面的动作做准备。

建议

第一时间向前迈一步是至关重要的，这样能够让你避免摔倒。

特写

在这个阶段,如果对袭击者两腿之间的击打足够有效,之后就不需要再做什么了。然而,你还是要继续练习,因为在打头的过程中,有时动作的准确性会下降。

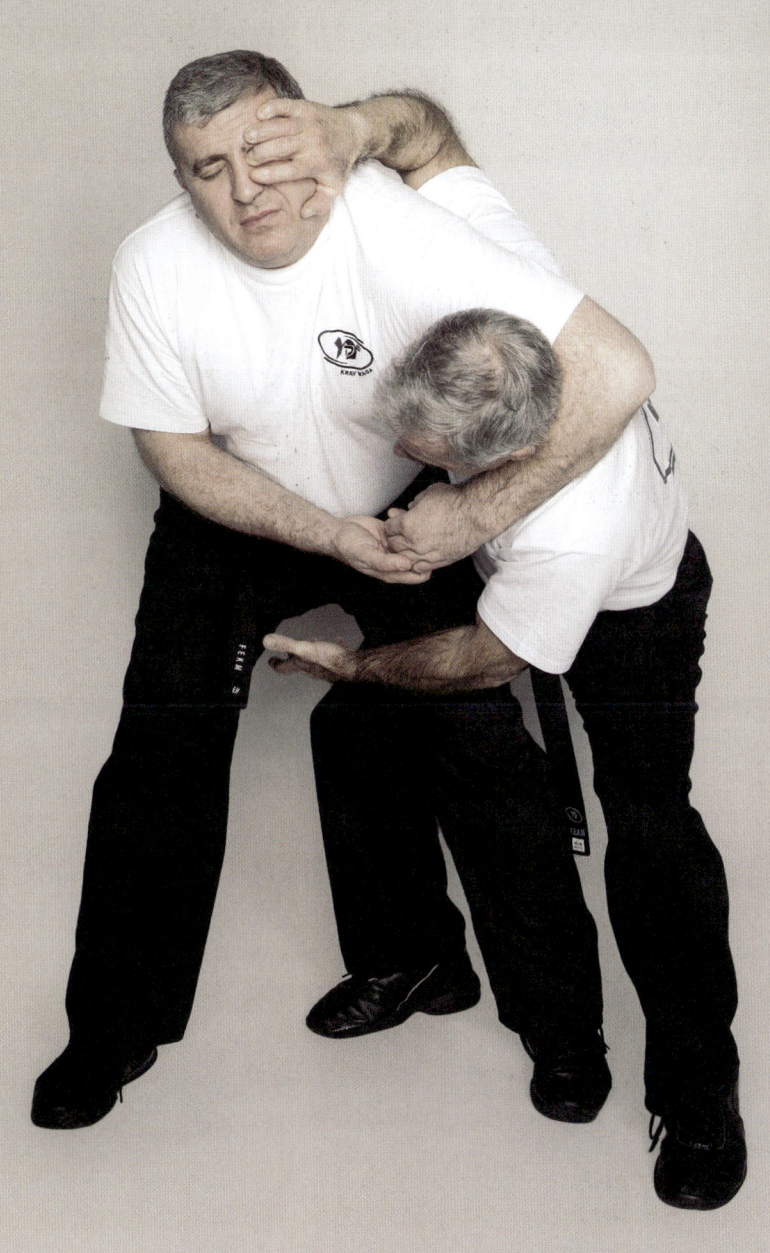

徒手技巧 — 从被锁喉和被抓住的位置脱身

#01

#02

#03

#04

从后扣住

·用前臂

在这种被锁住喉咙的威胁下，防卫和反击速度是至关重要的。在第一时间把头转向一边能让你不至于暴露脖子上最脆弱的部分。

#01 起始姿势。

#02 袭击者从后方用手肘锁住你的头；两只手抓住他的手臂，同时将头转动到没有被锁死的那一边（图中的情况是转向左侧）。

#03 与此同时，如果你的头正好撞到了袭击者的下巴，有可能战斗就到此结束了。

#04 松开你的左手向他的裆部袭击。

#05 抓住他的手臂,你的左脚向后移动。你的头从他的腋窝下穿出。继续抓着他的手臂按在自己的胸前。

#06 用膝盖上顶。

徒手技巧

从被锁喉和被抓住的位置脱身

#07 利用这个时候转换一下右手的位置，将他的胳膊抓得更紧。

#08 使用手臂锁抓术，将袭击者放倒在地。

建议 1
在防卫结束时，你可以使用锁抓术，也可以使用拳脚组合击打袭击者。

建议 2
如果对裆部的袭击很精准，动作在#04时就可以结束了。

特写

记住：腿向后移一步时，要向外侧迈出，这样，防卫者的手自然而然就来到袭击者的裆部了。

| 徒手技巧 | 从被锁喉和被抓住的位置脱身 |

#01

#02

#03

#04

从前扣住

· 胳膊也被扣住

能做出这种抓扣方式的人一般都很强壮，这样做的目的是把你举起后摔倒，你应当从遭到袭击的最开始就有所应对。

#01 起始姿势。

#02 这种抓扣方式很有力也很紧，你没有足够的距离来击打对方。

#03 将两手扣住，瞄准对方生殖器的位置向外推开。

#04 这时创造出的空间让你能够用膝盖、小腿胫骨或脚向上反击。同时，用你的手击打他肩胛骨的位置，以便身体的支撑点更加稳固。

建议

如果袭击者包住的是你肘关节向上的位置，并没有紧紧贴住你的身体，你应当第一时间就用#04的招数。

特写

防卫者的手按在袭击者的肩胛骨上作支撑,能够让膝盖上顶的力道更大,注意将头偏离中立位,防止袭击者用头撞击你的头。

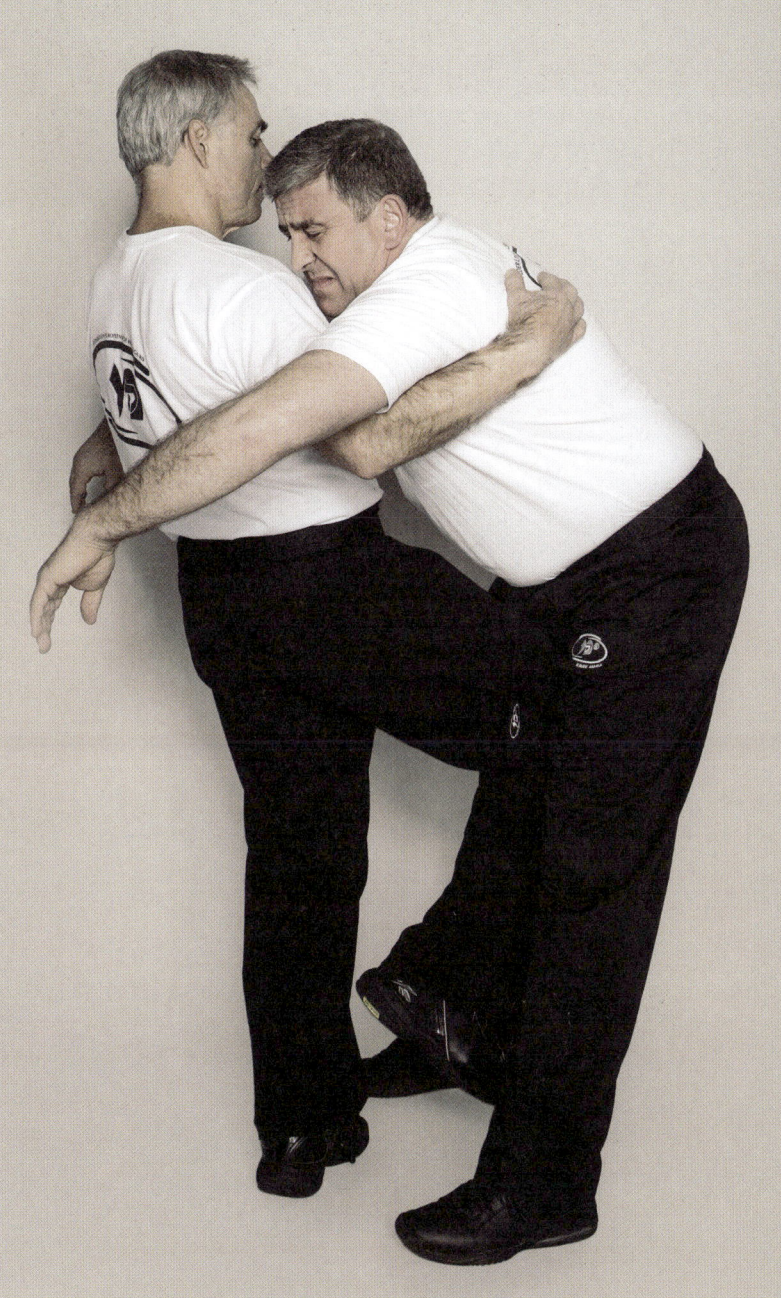

徒手技巧

从被锁喉和被抓住的位置脱身

#01

#02

#03

#04

从后扣住

· 胳臂也被扣住

如果从后面被抓住，你必须很坚决地应对，髋部最大限度地向一侧移动，以便用手掌击打袭击者的裆部。

#01 起始姿势。

#02 袭击者从后面抓住你，将你的胳膊也扣住。

#03 将你的髋关节向左侧移，用右手掌击打他的裆部。

#04 至少需要移动两次髋部。如果第一次，袭击者也跟着你移动，那么第二次想要击打他就容易多了。

#05 用右脚跟踢他的小腿胫骨。

#06 紧接着再用左脚用力踩他的脚。

徒手技巧

从被锁喉和被抓住的位置脱身

#07 当你的右手抽出来，给他一记肘击。

#08 抓住他右手的一根或几根手指。

#09 转过身去，向上掰他的手指。

特写

从袭击者胳膊中挣脱出来后，防卫者要用最快的速度抽出一只胳膊来，用手肘进行反击。当然还有其他的攻击可能性，例如将袭击者摔倒。重点是防卫要速战速决，不要演变成长时间的打斗。

徒手技巧

从被锁喉和被抓住的位置脱身

#01

#02

后方的抓锁术

· 手腕、肩膀

原则是要从对方的抓锁术中挣脱出来。只要坐到了地上，征服对手的可能性就有很多。

#01 袭击者在打了你一拳后抓住了你的手腕。

#02 他用抓锁术将你的手腕别到背后。

建议

多练习柔韧性，尤其是骨盆和脊柱下段，以便能够轻松地坐到地上，再从地上起来。

#03 你的上半身翻倒，头向下。你的左手朝右侧撑在地上，右臂伸直，从袭击者的抓锁术中挣脱出来。

#04 在这个动作中，坐得离袭击者越近越好。用脚跟踹他的裆部。

徒手技巧

从被锁喉和被抓住的位置脱身

#05 你的左脚放在他的右踝骨后侧,并朝着他的膝盖位置,用你的右小腿胫骨来一记边腿踢,然后踢他的脚,将他放倒在地。

#06 保持控制住袭击者的一只胳膊,支撑起身。再决定之后怎么做。

特写

这个摆脱抓锁术的方法会让你倒在地上。只要注意靠对手足够近,会有很多种方法让你转劣势为优势。

徒手技巧

从被锁喉和被抓住的位置脱身

#01

#02

#03

#04

抓住

· 双肩下握颈

在这种状况下,第一反应总是抵御的关键。从进攻的开始,你应该放低肩膀,防止袭击者完成抓锁。

#01 起始姿势。

#02 袭击者试图从双肩下握颈。他的胳膊从你的腋下穿过,双手一边将你的脖子向前向下推,一边在你的颈后侧交握,实施颈部抓锁术。

#03 一受到攻击,立刻用力向下按压肩膀,能够阻止袭击者完成抓锁术。

#04 胳膊的牵引力是很强大的，能够有效妨碍袭击者的抓法。

#05 直接从右侧朝袭击者后方头部肘击。

#06 紧接着从左侧后方朝袭击者头部肘击。

徒手技巧

从被锁喉和被抓住的位置脱身

#07

#07 接着，可以抓住袭击者的一根或几根手指，最后实施手指抓锁术，以此来制服袭击者。

建议
应对时间越短越好，技巧越精准越好。

特写

用力向下沉肩，袭击者想要完成抓锁会很困难。

05 面对武器袭击的防卫术

徒手技巧　面对武器袭击的防卫术

\#01

\#02

从上至下

如果你被一个拿着钝器的人袭击，你们之间的距离对他又是有利的，建议你直接朝他前进，缩短距离能够有效地减少武器的攻击力。

#01 起始姿势：你站在棍子够不到的地方，袭击者是左撇子。

#02 伸直你的右手臂抵住袭击者的前臂，头和躯干也随着向前，左拳直接击向他的面部。

建议

如果距离袭击者较远，棍子也较长，又或者你向前的距离不够施展攻击，那就不要抓前臂，而是抓住棍子。

#03 从右侧双手抓住他握着棍子的手臂,将你的左臂放在你们的头之间,以防袭击者撞你的头。用膝盖、小腿胫骨和脚连续顶撞他的裆部。

#04 将你的左脚后退一步,继续抓着他。

徒手技巧

面对武器袭击的防卫术

#05

#05 将你的重心向左移动，胸腔迅速地转动，解除袭击者的武器。再决定之后的动作。

建议
如果将这项技能精准掌握，可避免在被猛击之前，用胳膊抵住棍棒。

特写

当袭击者准备击打的时候,防卫者只需要向前伸直胳膊,头先向前探,然后脚向前迈,让距离变短,使袭击者无法击打就可以了。一般人自然的反应是向后躲闪,但是这样的话,袭击者依然有足够的距离攻击,但是防卫者没有。你只有这一个办法,就是反复练习,让这个迅速有力的反击方式成为你的习惯。

徒手技巧 面对武器袭击的防卫术

#01

#02

从侧面击打 /

· 单手或双手

这个反击方式在袭击者单手或双手持棍时都可用。

#01 起始姿势：你在棍棒的打击范围之外。

#02 你右手向前，胳膊向下伸直，右脚向前一步，缩短与袭击者之间的距离。

#03 用你的左前臂向上抵住他的右臂。这样的方式能够在他伸直胳膊实施击打之前对他进行限制。

#04 缠绕住握着武器的手臂,同时用肘关节击打他的头。左脚向前一步,脚尖朝内转动,在髋关节的帮助下,让击打力度更大。

徒手技巧　面对武器袭击的防卫术

#05 朝裆部踢去。

#06 抓住棍子然后退后。

细节

和抵挡刀子一样，这个棍棒防卫术针对的是没有假动作的直接攻击。从技术上来说，这些都很容易实现。但有一个必要条件：恰好的时间点，也就是说防卫者要在最合适的时候行动。如果袭击者在袭击之前向前靠近，因为在超出能力范围的距离向你击打对他来说更有利，这时你主动出击风险更小，可将他的棍子推向旁边，这样袭击者可能会被自己的棍棒限制住。

特写

在这里，我们可以看出袭击者完全被自己的棍子限制住了。他只有松手才能有机会，与此同时，防卫者可以夺过棍子。

徒手技巧

面对武器袭击的防卫术

从侧面击打 II

· 瞄准腿部

马伽术的原则告诉我们，一旦抵挡住攻击，要立刻进行反击。

#01 起始姿势。

#02 袭击者瞄准腿部开始击打。

建议

在所有的武术中，对距离的掌控都是很重要的。在图中的情况下，随着距离不同，情况会完全改变。

#03 立刻开始攻击：抬起一个膝盖，用腿外侧抵挡以减轻冲击力。如果有可能的话，尽量瞄准握着棍棒的手臂抵挡。

#04 如果可以，抓住拿着棍棒的手腕，右直拳攻击他的头部。

徒手技巧   面对武器袭击的防卫术

#05 当袭击者力量削弱的时候，停止攻击，用一只手抓住棍棒，另一只手抓住袭击者的手腕。

#06 从袭击者手中夺过棍棒。

细节

如果袭击者靠近到一个能够打到你的距离，因为他手上拿着棍棒，你徒手无法碰到他。因此，他的打击范围比你的长。

两个办法：如果他离你太远，就像图片中的情况，他必须要向前靠近才能够到你，你可以等待他开始行动；如果他的距离正好，你就应该主动出击，缩短距离。

建议

拿着棍棒的袭击者在距离越远的时候，攻击越有效。但是当你靠近到可用拳脚攻击的范围内，或能够抓扣的距离时，他就会被他自己手中的棍棒所妨碍。

特写

在这里,为了不让棍棒卡住小腿胫骨,在恰当时机出击非常重要。

06 面对持刀攻击的防卫术

基本原理

马伽术很重视对常见武器的防卫，如刀或其他尖利器具（例如碎酒瓶）。学习各种常见的持刀和进攻方式是很重要的，以便能够一眼就辨认出来。

实际上，根据进攻者拿刀方式不同，他只能做一些特定的攻击，想要用其他的攻击方式是很受限制的。每一个攻击方式都有优势和弱点：这就决定了你要采取什么样的防卫方式。我们通常更倾向于用踢腿的方式进行防卫。如果是被持刀者突然攻击而吓一跳，可以后退一步。后退产生距离，因此就有时间（片刻而已）用来正确判断危险程度，寻找办法，并且在精神上"稳定"下来。

本章更强调防卫层面，而不是更进阶的层面（即和持刀者进行一场真正的格斗较量）。

你会发现，有一些防卫的方式是让马伽术的练习者偏离刀具的中轴线。需要强调的是，躲闪不能先于前臂阻挡，否则就难以实现。实际上，一次好的持刀进攻比整个身体的移动速度要快得多。因此，防卫者只能一边阻击，一边朝着阻击的方向移动，或者在阻击的下一个瞬间移动。

一旦解除袭击者的刀，你不再有危险，应当结束行动。

徒手技巧 — 面对持刀攻击的防卫术

持刀方式

学习常见的各种持刀方式和进攻方式,以便能够一眼就辨认出危险是很有必要的。最重要的是根据持刀方式选择合适的防卫方式,另外,学习这些基本知识能够便于两位练习者一同操练。

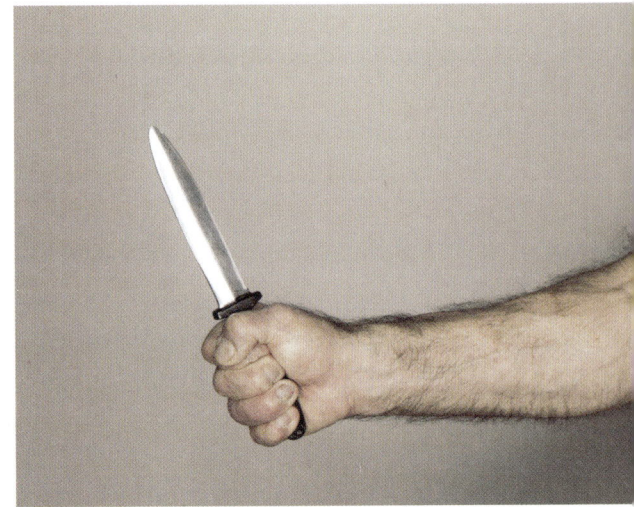

常见握刀

抓握方式:

刀刃从小指的方向伸出。如果是单刃刀(猎刀),刀刃应该朝上,更易于插入。

进攻方式:

可以从上至下,从侧面或对角线方向进攻。

东方式握刀

抓握方式:

刀刃从大拇指的方向伸出。如果是单刃刀(猎刀),刀刃应该朝上。

进攻方式:

可以从下到上,或者从侧面攻击。

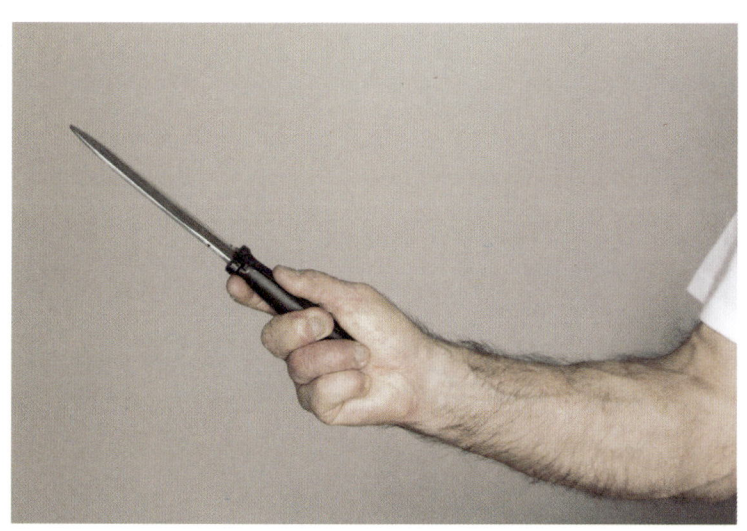

直接进攻握法

抓握方式：

刀柄的底端抵着手心以防打滑，同时攻击范围也变长了。刀刃沿着手指的方向向前。

进攻方式：

直接进攻。

徒手技巧 面对持刀攻击的防卫术

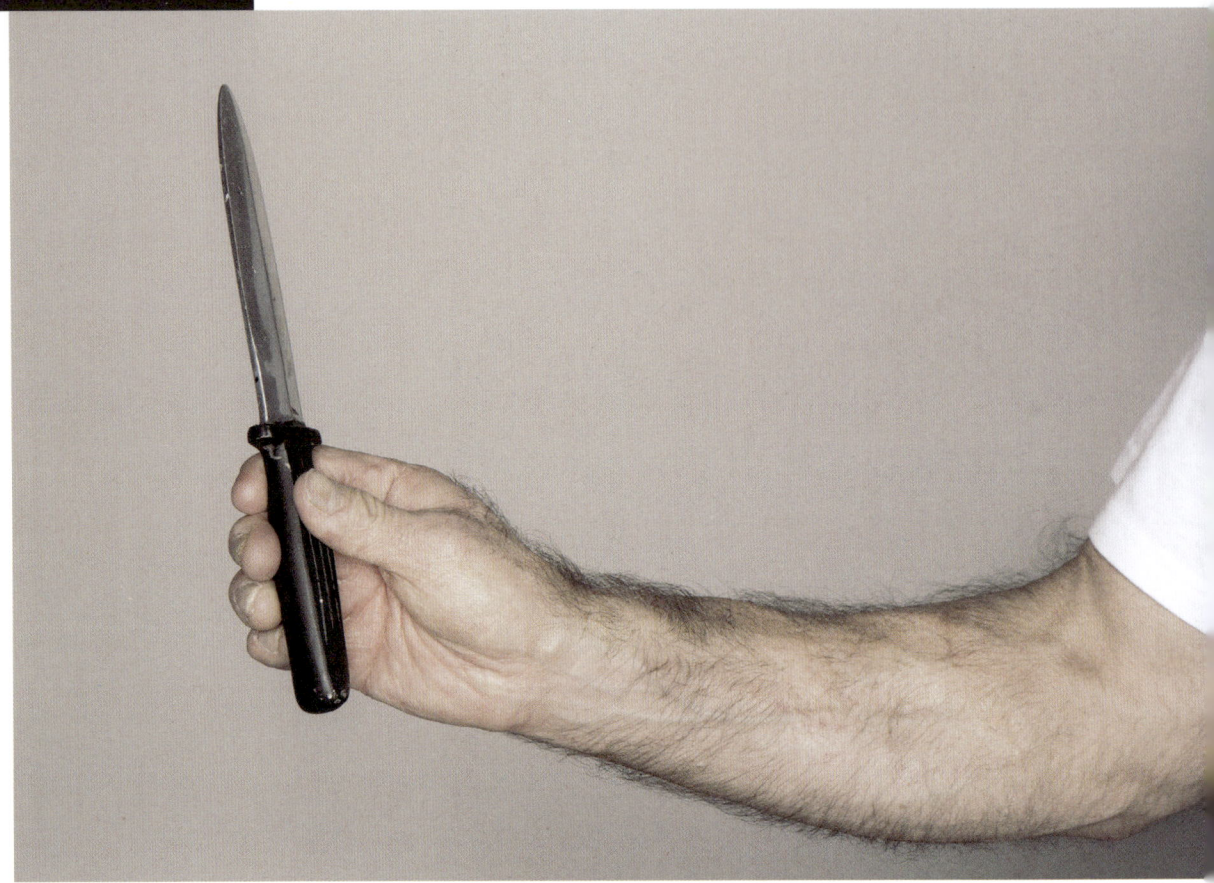

交叉进攻握法

抓握方式：

接近于直接进攻握法，除了刀柄可以在大拇指、食指和中指间移动。刀柄的底部不在手掌上，无名指和小拇指的作用是在进攻的一刻，将刀柄靠向手心内。因此，刀柄更加灵活，这也是刮胡刀的最理想的握法。

进攻方式：

从侧面进攻，手掌朝上或朝下。靠手指的运动将刀柄控制在掌心内部，以便加快进攻时的速度。

#01 进攻前的握刀方式。

#02 进攻时,身体向前倾。

#03 改变中心线。

#04 第二次进攻。

徒手技巧

面对持刀攻击的防卫术

#01

#02

从上至下 /

·正面攻击

在躲开进攻,并抓住握着刀的手时,想要同时发动反击是很不容易的。然而,有志者事竟成,只需多多练习即可。

#01 起始姿势。

#02 袭击者在你的对面,突然发动进攻;你立即实施左前臂阻挡,同时,右脚向前迈一步,另一只拳头向脸部打去(可以进行多次直接击打)。

#03 用你的右手抓住袭击者的左肩,避免他用头部向你撞击。

#04 膝盖朝对方的裆部顶去。

徒手技巧
#05
面对持刀攻击的防卫术

#05 如果需要的话，可以实行多次击打。

建议
可以在实施前臂阻挡的同时后退一步，获得足够的距离和时间来计划下一步，例如踢腿防卫或逃跑。

特写

我们通常会倾向于迈出实施阻挡的那只手同侧的脚,这并不是一个错误。但是迈出和拳头同侧的脚能够让拳头伸得更远,也让袭击者处于不舒服的位置,此时防卫者会处于有利的位置。

徒手技巧

面对持刀攻击的防卫术

#01

#02

#03

#04

从上至下 II

· 侧面攻击

马伽术教我们在受到进攻的那一刻，在自己所处的位置灵活做出反应。如果遇到图中情况时，袭击者站在侧面，原则上不必花费时间移动位置，可以从这个位置自然地使用防卫技巧。

#01 起始姿势：袭击者站在你的右侧，右手持刀。

#02 袭击者从上至下发动攻击，用你的右前臂阻挡他的右前臂。

| **#03** | 同时，左手直拳进攻，抓住袭击者持刀的那只手腕，左脚微微向左侧移动，正面面对袭击者。 |

| **#04** | 左手直拳打向袭击者。 |

| **#05** | 准备实施手腕抓锁。 |

| **#06** | 抓锁完成。 |

徒手技巧 — 面对持刀攻击的防卫术

#07

#07 在手腕抓锁的帮助下,将袭击者放倒在地。

特写

这个姿势中防卫者是无法在同时出右直拳攻击的,此时有两个选择:或者后退一步,争取时间;或者出左手直拳。后者必须将脚向外侧移动,偏移身体重心才可以做到。

徒手技巧 面对持刀攻击的防卫术

#01

#02

#03

#04

从上至下 ///

· 面对面

这个技巧经常被使用在棍棒攻击中。袭击者离你有一段距离，他必须前进一步才能够着你。

#01 袭击者准备攻击。

#02 袭击者开始行动，防卫者向前迈一步。

> **建议**
>
> 在这个距离中，袭击者需要两招才能打到你，在他使出第一招时，你就向前踢腿。他一定会被这个过早并且不易察觉的反击吓到。

#03 在防卫过程中，伸出左腿直踢向袭击者的身体。

#04 右手抓住袭击者握着刀的手，同时伸左手直拳反击。

#05 当袭击者的力量减弱，向后迈一步，以便于审视状况。

#06 实施手腕抓锁。

徒手技巧　面对持刀攻击的防卫术

#07

#08

#07 将手伸进袭击者的手掌中，抓住刀柄。

#08 解除对方的刀。

特写

如同其他的技巧一样,抓住袭击者握着刀的手这项技巧也必须实施得十分精准。抓住刀的手必须包裹住袭击者的手。只要用力扣住,你就会发现袭击者想要将手重新伸展开来是不可能的。因此,他的另一只手就无法接过武器。手腕抓锁术必须十分精准,只抓手腕,而不是整个胳膊。

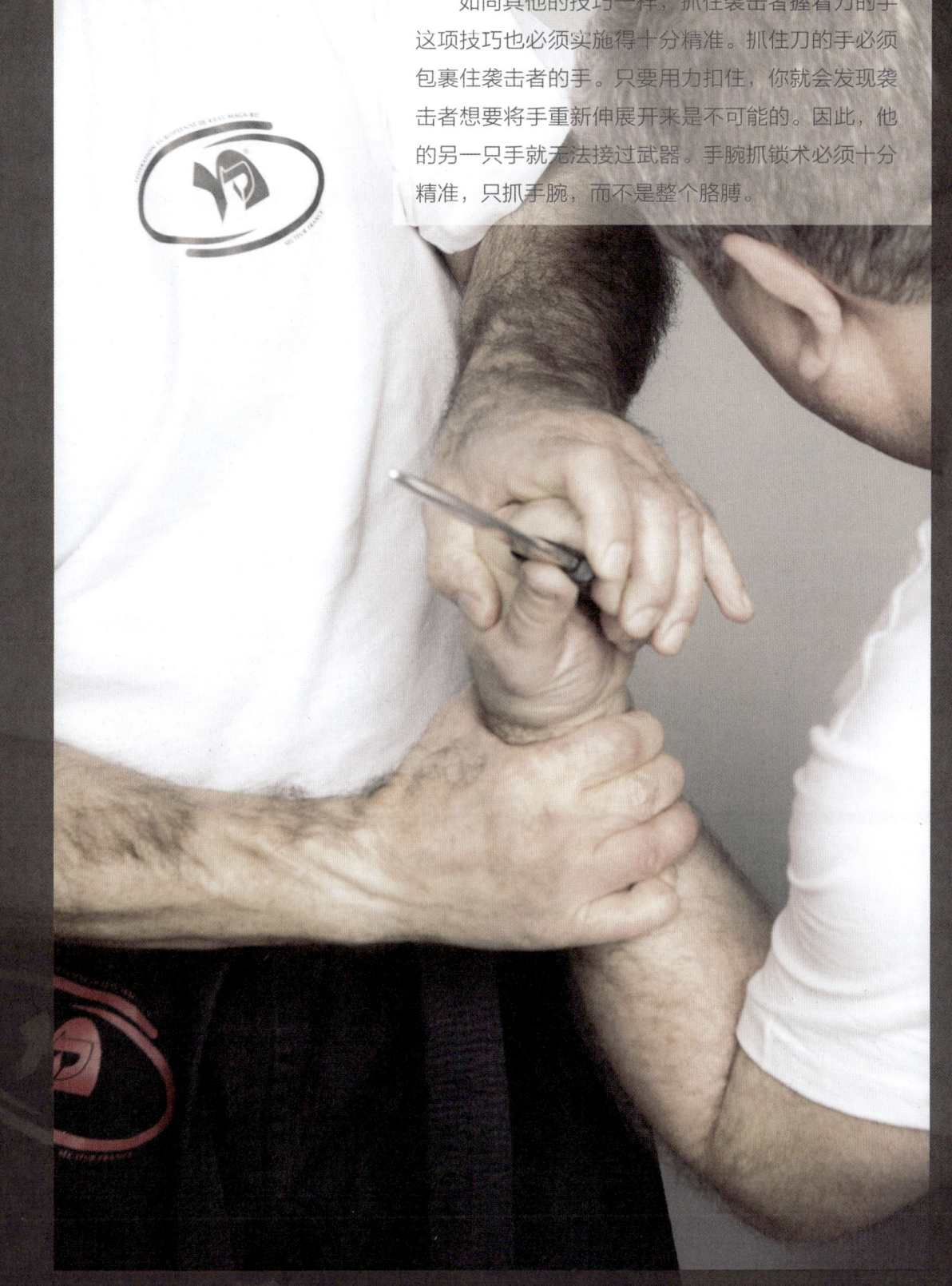

徒手技巧
面对持刀攻击的防卫术

用剥手指的方法解除刀

解除袭击者的刀要在一系列防卫性反击之后。此时，我们已经大幅度削弱了对手的力量，他的抵御能力已下降，利用这个机会坚决精准地解除他的刀。

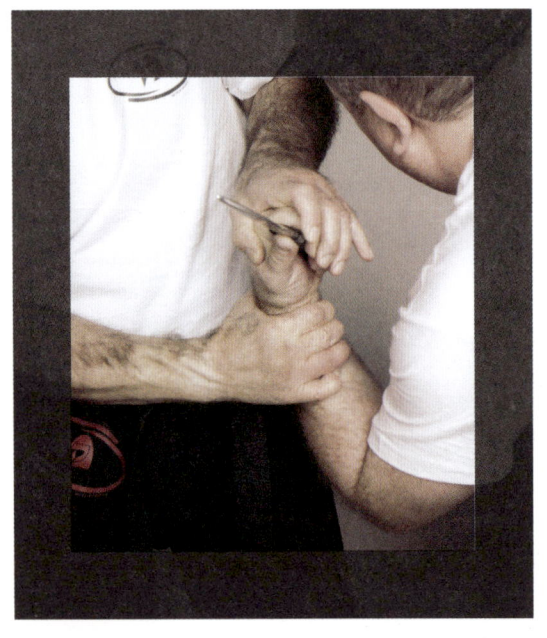

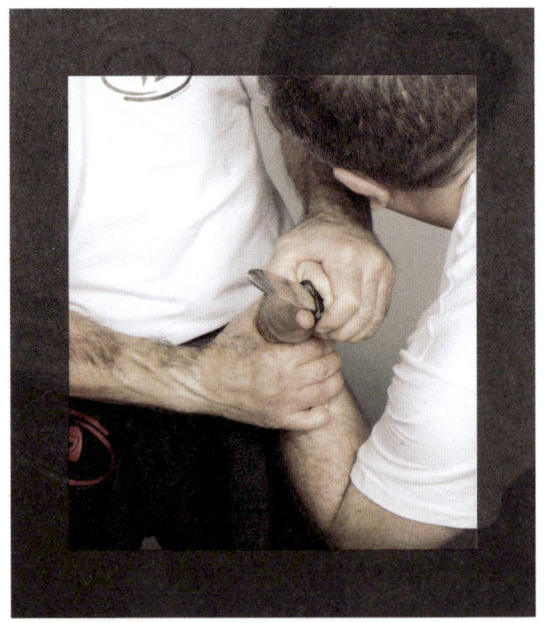

#01 一只手抓住袭击者握刀的那只手。

#02 另一只手掰他的手腕。

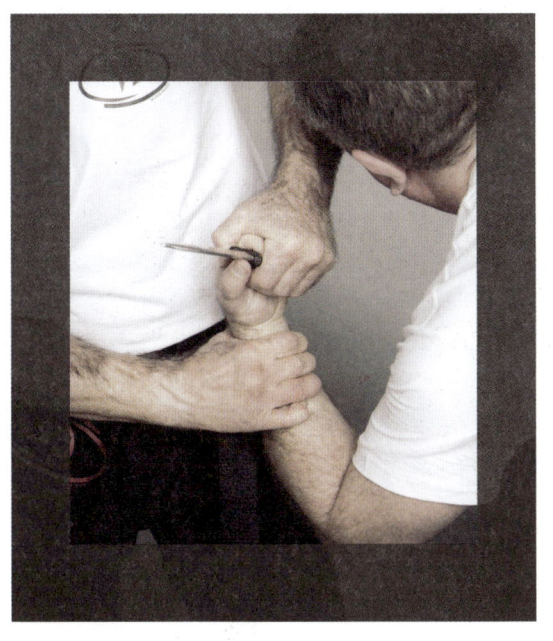

#03 将你的手指坚决地插入他的手掌中。

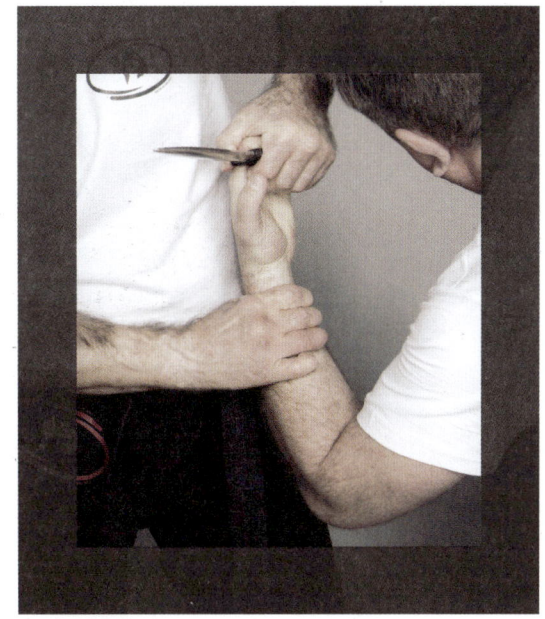

#04 生硬地把刀从他的手中拔出。

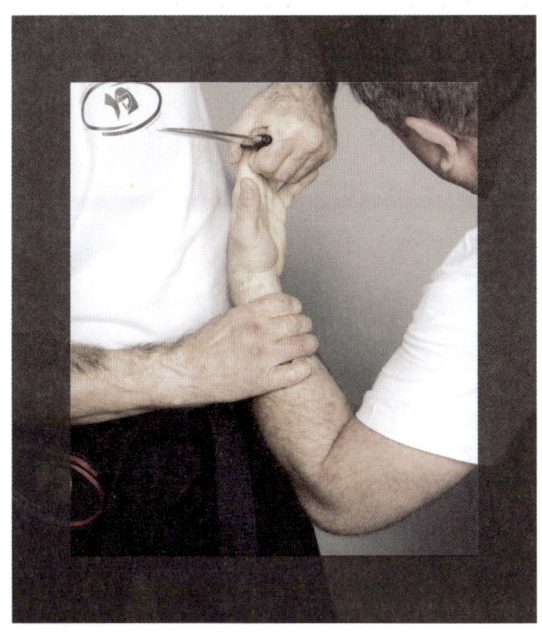

#05 抓住刀柄。

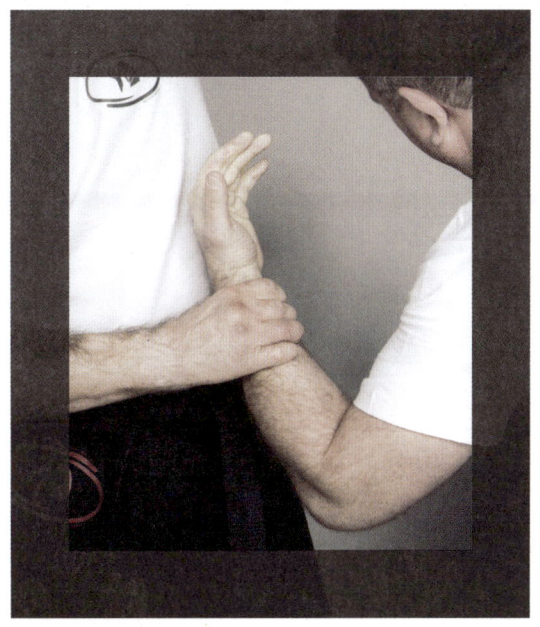

#06 袭击者的刀被解除。

徒手技巧 — 面对持刀攻击的防卫术

从下至上 /

· 正面

这个阻挡招式要移动整个躯干，因此，只有在你提前判断出了攻击方法，或者对手不够快速的情况下才能够完成。

#01 起始姿势。

#02 防卫者在向前靠近的同时，向袭击者的外侧移动，偏移重心，用前臂阻挡袭击者握刀的那只手。

#03 左手抓住袭击者握刀的手，右直拳打向袭击者的脸部。

#04 向后撤一步到安全的距离,抓住袭击者握刀的手腕。

#05 踢向袭击者的裆部,准备手腕抓锁。

#06 完成手腕抓锁。

徒手技巧

面对持刀攻击的防卫术

#07 将袭击者放倒在地，他已经因为手腕和生殖器的疼痛而力量减弱。

#08 解除刀。

建议

下一页的特写展示了如何用前臂控制住袭击者的前臂。你的前臂必须如同一根铁棒一样有力，在整个身体重量的帮助下，不能够向前倾。

如何用剥手指的方式解除武器，参见第160～161页。

特写

在这个情况下，防卫者用前臂阻挡的同时，左脚向前移一些，有助于胸腔的转动。

徒手技巧

面对持刀攻击的防卫术

#01

#02

从下至上 ||

· 正面

袭击很突然，防卫者最后一刻才察觉到，并且是正面肉搏。

#01 起始姿势：正面，防卫者毫无防备。

#02 袭击者从下向上袭击，防卫者使用和袭击者握刀的那只手正对面的前臂进行阻挡。只要有机会，用另一手直拳打向对方的脸部。

建议

接下来有几种可能：后跳一步，保持安全距离，检视一下第一次袭击的结果，然后直腿踢向对手的裆部；或者紧抓住握刀那只手的手腕，然后用膝盖顶向对手的裆部；还有就是逃跑。

特写

和148页的原则是一样的。防卫者可以将挡刀的前臂同侧的脚向前一步，有时候可以这么做。但是如图中情况，将和拳头同侧的脚向前迈一步，可以让你的击打范围更大，相对于袭击者，你会处于更有利的位置。

徒手技巧

面对持刀攻击的防卫术

从下至上 ///

· 远距离，从侧面

在这个攻击中，袭击者的攻击范围明显缩小。

#01 袭击者正准备向前开始发动攻击。

#02 袭击者开始行动，防卫者迅速将重心放在后腿之上，抬起前腿向上。

#03 向袭击者的躯干侧踢。

建议

最大限度地利用你的腿长优势阻挡攻击。根据效果来判断之后的防卫方式：逃跑，或者在第一时间抓住袭击者握刀的手腕，开始连续反击。

特写

朝着躯干的侧踢能够让你获得最大限度的击打范围,不易被对方攻击。

徒手技巧 — 面对持刀攻击的防卫术

#01

#02

#03

#04

直接攻击 /

· 刺刀

在马伽术中，面对攻击时的防卫招式绝大多数都由最靠近袭击者的身体部位来完成。在以上这种情况中，就是由左手臂完成。

#01 袭击者正准备发动攻击。

#02 防卫者将身体完全偏离到一侧，用左前臂内侧进行阻挡。

#03 右手抓住袭击者握刀的胳膊，左前臂直接攻击袭击者的喉咙或脸部。

建议

防卫招式和反击是同时进行的。前臂必须挡在他的胳膊上，然后后击袭击者的脸部，这是在一个动作内连续完成的。

#04 继续控制着袭击者握刀的手,朝他的裆部直踢。

#05 袭击者的力量已经被大大削弱,防卫者向后退一步以便检视目前的状况。

#06 实施手腕抓锁。

徒手技巧

面对持刀攻击的防卫术

#07

#07 解除袭击者的刀。

特写

在这个防卫过程中,最关键的步骤是阻挡,好的阻挡能避免防卫者被刀刺伤。但是如果防卫者没有即刻决定撤退,那么就得迅速坚决地进行反击。击打袭击者面部的前臂必须像铁棒一样有力。为了达到这样的效果,防卫者必须要站稳。

徒手技巧　面对持刀攻击的防卫术

#01

#02

#03

#04

直接攻击 II

· 刺刀

如同上一个技巧，用最靠近攻击方向的手臂进行阻挡。

#01 袭击者正准备进行攻击，将你的重心放在后腿之上。袭击者会很小心地不让他的手朝前。

#02 他开始从高处发动攻击，你可用手臂进行直接阻挡，你向外偏离重心。

#03 右手抓住袭击者握刀的前臂，左手直拳反击。

建议

很有可能在进行前臂阻挡之后，你无法直接进行反击。在这种情况下，由于刀偏离了方向，你可以后撤一步，这能够让你获得机会，在不被刺伤的情况下考虑下一步怎么办（逃跑或反击）。

#04 左手直拳反击（可以根据实际情况进行连续击打）。

#05 开始准备对持刀的手实施手腕抓锁，同时向裆部直踢。

#06 完成手腕抓锁。

徒手技巧 面对持刀攻击的防卫术

#07 解除袭击者的刀。

#08 情况允许的话，用刀柄底端进行击打。

了解解除刀的步骤，查看第160～161页。

特写

防卫者用右手牢牢抓着袭击者握刀的胳膊,因此左手出拳的方式有轻微改变。如果像平常一样出拳(拳心向下),无法达到理想的攻击效果。这时,出拳时左肩必须参与进来。在这个直拳(实际上是连续直拳)击打中,尽管整个身体都发力,但左肩需要出力更多。

徒手技巧　面对持刀攻击的防卫术

直接攻击 ///

· 刺剑

当攻击距离较远的时候，用自己身体攻击范围最长的部位——腿——来自卫，效果更好。

#01 起始姿势，图中距离让你处于相对安全的状态中。

#02 用脚朝着袭击者身体中间部位直踢，同时，躯干的重心向后倾斜。

#03 直踢的位置取决于时机（注：时机即阻挡攻击的时间点，出脚的时间越早越好）以及袭击者的身体角度。

建议

躯干向后倾斜能够让髋部收紧，这样，不仅躲开了攻击，还能让腿伸得更长，攻击更有力。

*时机：阻挡攻击的那一刻。在袭击发起时越早阻挡，效果越好。

特写

像图中这样击中袭击者躯干部位是很有利的,因为只有在这样的高度,腿才能伸到最长。要注意的是,伸出的腿膝盖微屈,打击才能有力(如果腿已经基本伸直,力度就会很弱)。如果袭击者受到了痛击,他会蜷缩起身体,后退,刀自然离防卫者更远。

徒手技巧　面对持刀攻击的防卫术

交叉攻击

只要情况允许，尽量每次都用踢腿的方式来防卫。然而，有时候，我们可能站或坐了很长时间，或者没准备好抬腿。因此，也要练习用前臂来防卫的技巧。

#01 袭击者向你靠近，刀指向前方。

#02 他从外向内发动环绕击，直刺你的喉咙；你可以右腿后撤，上半身向后闪躲开来，双手紧贴自己的胸口。

#03 重新靠近袭击者，用你的前臂狠狠地击打他握手的胳膊。

建议

在#06中，防卫者向后撤一步，换右手抓袭击者持刀的手腕，这时创造出一个适宜的距离来审视目前的整体情况。如果袭击者的体力恢复了，防卫者要沉着冷静地继续后面的行动。

#04	左手抓住他的手腕，紧紧地控制住他握刀的胳膊。
#05	右手直拳击打他的脸部（实际上是多次击打），控制他胳膊的左手毫不放松。
#06	当袭击者已经变弱，后撤一步，换右手紧抓他的手腕。
#07	开始准备对他持刀的手进行手腕抓锁，同时踢向他的档部。
#08	继续手腕抓锁。

徒手技巧

面对持刀攻击的防卫术

#09

#09 解除刀。

特写

用于阻挡的部位要在肘关节之上,才最有效,这也就是一瞬间的事情。在这一步,防卫者依然有两种选择:后退一步或直接反击。这一瞬间的动作就能对防卫者起到保护作用。

07 面对持枪威胁的防卫术

基本原理

　　面对一个持有手枪的人，在大多数情况下，我们可以用技巧解除他的手枪。但是，在训练这些技巧的时候，必须充分考虑到面对威胁时产生的紧张情绪的影响。拿考试造成的压力为例，我们会发现，学习内容记得越清楚，我们就越是能够自然地表达，不必太多的思考。在防卫术中也是如此，尤其是在这种危险的情况之下。

　　解除一个人的手枪必须在技术上很精准，并且尽可能降低危险。基本上分为三个步骤：离开射击范围并且控制手枪，之后控制袭击者本人，最后解除手枪。

　　用手枪威胁的犯罪分子可能想骗取受害人的某些东西，如钱、财物或信息，或者劫持作为人质等。杀人通常不是他的目标。但是不能保证，一旦他得到他想要的之后，不会杀人灭口。这需要沉着冷静和判断分析的能力来做出正确的决定：服从或反抗。

警告：

　　在训练的时候，当袭击者被解除手枪，可以用他的手枪反过来瞄准他作为结束。然而在现实情况中，只有在必须的极端情况下才能这么做，否则就已跳出自我防卫的范畴了。

| 徒手技巧 | 面对持枪威胁的防卫术 |

解除手枪的技巧

手枪被防卫者用两只手控制住。想要将袭击者拳头中的手枪转动方向有两个选择：或者继续转动手枪，将袭击者卡在扳机护圈中按着扳机的食指折断；或者可以不转动手枪，而是顺着袭击者手指的方向将手枪拔出。在第一种选择中，将袭击者的手指折断后，防卫者应当稍稍向后倾斜，找到合适的角度，顺着袭击者的手指方向抽出手枪。

#01 在靠近扳机护圈（保护扳机的圆形金属圈）的位置抓住枪管，食指朝下。

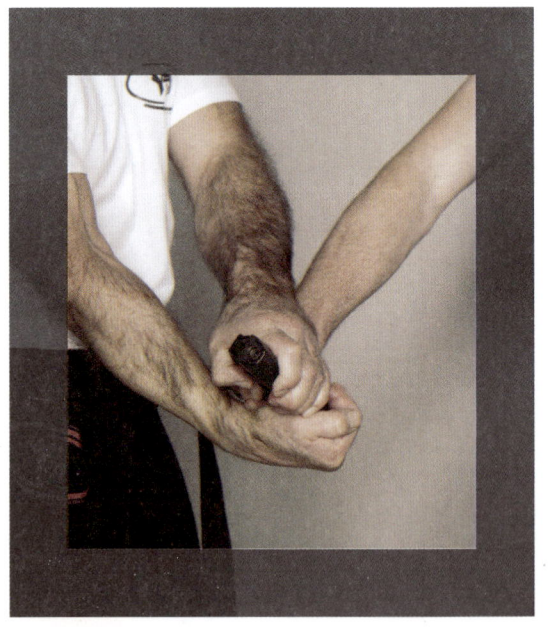

#02 右手绕过射击范围来增援，抓住枪后侧。

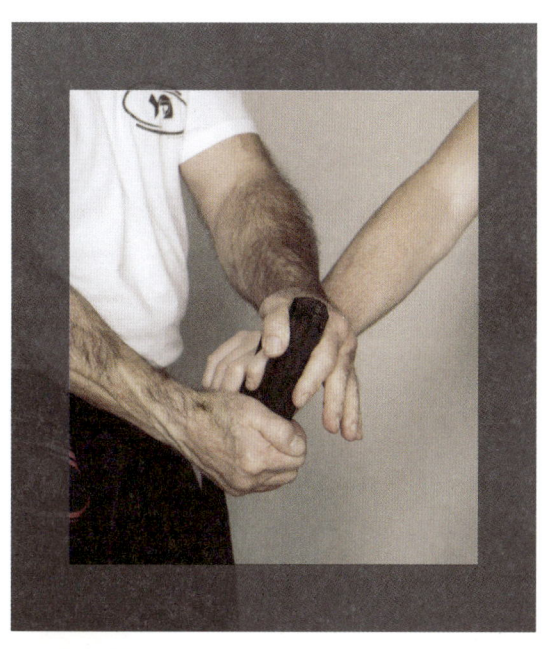

#03 两只手一起转动手枪。

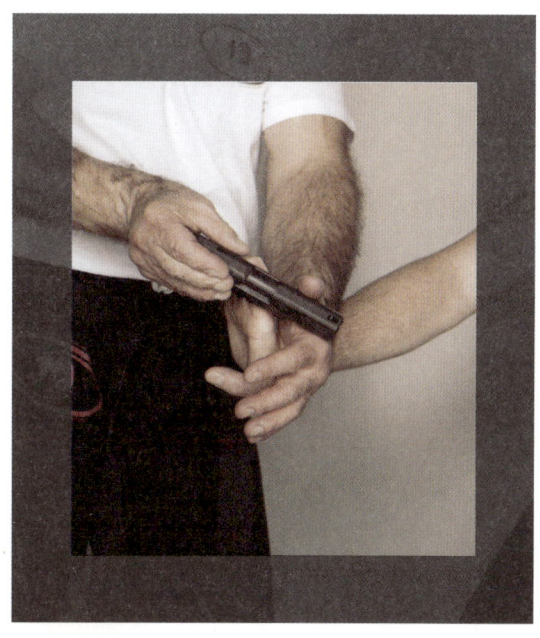

#04 很有可能把袭击者握着枪的那只手的食指折断。

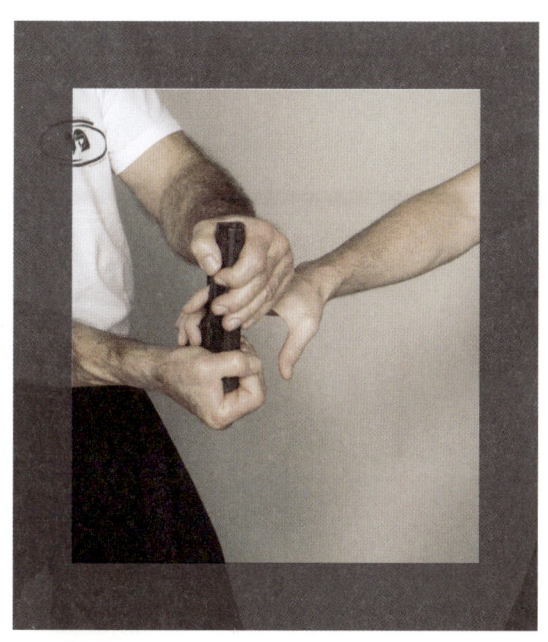

#05 继续转动手枪直到一个角度能够将枪支轻松抽出。

#06 顺着袭击者食指的方向解除手枪。

徒手技巧 — 面对持枪威胁的防卫术

#01

#02

#03

#04

胸腔高度 /

· 正面

为了让你的动作在开始时不易被对手察觉,你的手先开始动作,整个身体随后行动。

#01 袭击者右手持枪对准你的胸口。

#02 身体侧转向袭击者的右侧,将手枪向内挡开。

#03 用你的左手控制住手枪和枪口的方向,右手直拳反击(实际上可以多次击打)。

#04 右手和左手一起牢牢控制住手枪，但注意右手要绕过枪口的射击范围。

#05 直腿踢向裆部。

#06 开始解除手枪。

徒手技巧 面对持枪威胁的防卫术

#07 解除袭击者的手枪。

#08 向后撤一步到安全距离。

建议

胸腔的范围比头部要大，因此想要快速撤出手枪的击打范围会比头部被瞄准时困难。然而，只要你侧身，右肩朝后，同时用左手推开手枪，就会很容易。

特写

想要撤出手枪的射击范围，与其将整个身体向旁侧移动，不如直接将右肩向后转动，胸腔自然随之转开了，这样会容易得多。在马伽术中，闪身之后，紧接着的动作永远是抓住握手枪的那只手。

徒手技巧　面对持枪威胁的防卫术

#01

#02

胸腔高度 II

· 正面

当袭击者是左撇子，左手持枪，第188页的技巧也同样适用。

#01 袭击者是左撇子，左手持枪瞄准你的胸腔。

#02 将手枪向袭击者的左侧挡开，身体侧转向袭击者的右侧。

建议
你也可以用你的右手将对方持枪的左手挡开。

#03 用左手控制住枪管的方向,右手直拳击打袭击者(可以多次击打)。

#04 双手一起牢牢控制住手枪,但注意右手要绕过枪口的射击范围。

徒手技巧

面对持枪威胁的防卫术

#05

#05 解除袭击者的手枪。

特写

要记住,面对左撇子的袭击者,防卫动作和面对使用右手持枪的袭击者是完全一样的。你也可以使用右手阻击术,用左手直拳反击。

徒手技巧 面对持枪威胁的防卫术

#01

#02

#03

#04

瞄准面部

·正面

面对这样的威胁，尽管袭击者很难长时间保持这个姿势不动，但防卫者越快行动就越有利。

#01 袭击者拿着手枪对准你的面部。

#02 将枪管向内侧挡开，同时头部侧转向袭击者的左侧。

#03 右手控制住枪管方向，左手直拳反击（可以多次击打）。

#04 当袭击者的力量被削弱，后退一步审视情况，解除他的手枪。

建议

在训练的时候，要注意第一个手部的阻挡动作是直线动作，而不是环绕完成的。同一时间，头部躲闪开来，以最大限度地节省时间。

特写

在用直拳反击的时候,另一只手要紧紧抓住手枪,保持控制。要小心地将枪口朝外,前臂紧紧地抵靠着袭击者持枪的前臂。

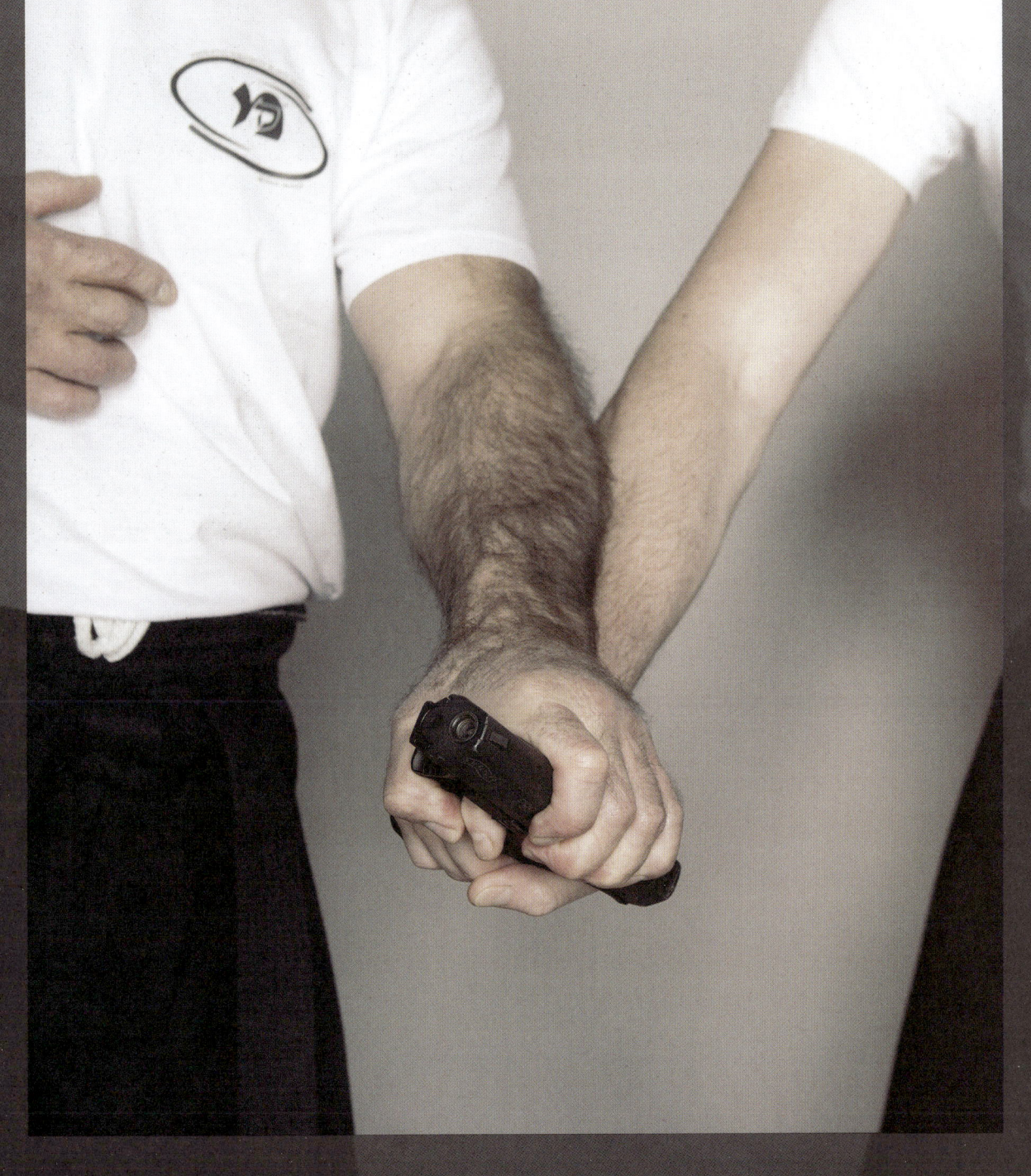

徒手技巧 — 面对持枪威胁的防卫术

#01

#02

#03

#04

背对

解除武器的基本原则是一样的，唯一不同的是要用一只手抽出手枪。因此，相比之前的情况，在解除手枪前要尽可能地削弱对手的力量。

#01 袭击者在你的后面，用手枪对准你的后背。

#02 审视目前的情况（袭击者的精神状况）。用你的手臂挡开袭击者持有手枪的手臂，这会让你的身体自然地向左侧转动，并且靠近袭击者。

#03 用右手肘横向肘击袭击者的脸部，左手臂同时扣住他握有手枪的手臂。

#04 右手抓住袭击者的肩膀，防止他的头部撞击你的头部，同时，膝盖顶向裆部。

#05 当袭击者的力量被削弱，抓住手枪，控制住枪管的方向。

#06 解除他的手枪。

徒手技巧 面对持枪威胁的防卫术

#07 在解除手枪之后，如果需要的话，用枪管击打他头部的侧面。

#08 后退一步保持安全距离，瞄准袭击者。

细节

在#02中，转过身去审视情况是很有必要的。袭击者可能用右手持枪，也可能是左撇子，离你可能近，也可能远；他可能拿着一把假枪，也可能拿着一根水管。需注意的是，只有在他精神镇静的情况下再转过身去。如果他情绪不稳，还拿着真枪，只要你稍有动作都可能促使他开枪。如果你觉得有必要行动才能解决问题，即使在不知道所有细节的情况下也要反击。

特写

一旦防卫者开始反击,所有动作都要主动靠近袭击者。要紧紧地控制住他握有手枪的手臂,整个身体都要投入到反击当中。

徒手技巧   面对持枪威胁的防卫术

#01

#02

#03

#04

侧面

- **手臂后侧**

  解除手枪的原则和之前的状况一样。

  #01 袭击者站在你的右侧，持枪指着你后背的右侧、右臂的后方。

  #02 用你的右前臂将袭击者握着手枪的胳膊挡开，同时向他靠近一步。

  #03 用你的左手肘环绕肘击对方的面部，同时，右手臂紧紧缠绕住他握有手枪的手。

#04 继续控制住袭击者的手臂，抓住手枪，解除他的手枪。

#05 如果感觉袭击者还有威胁，立刻准备反击。

#06 如果需要的话，用手枪击打他。

徒手技巧 面对持枪威胁的防卫术

#07

#07 后退一步,保持安全距离,用手枪瞄准袭击者。

建议
在#02中,防卫者向前迈步时注意留出空间让自己用一只手解除手枪。

特写

在这个解除武器的技巧中,防卫者有可能会折断袭击者的食指,因为枪管在转动时会指向他。当袭击者的力量削弱时,防卫者应该将扳机护圈重新调整到顺着食指的方向,好顺着食指轻松地抽出手枪。

徒手技巧　面对持枪威胁的防卫术

侧面

·手臂前侧

这个技巧和前一个相同，并且更容易实现，因为手枪就在用来挡开的手或手臂的旁边。因此，挡开它是很容易，也是很快速就能完成的。

#01 袭击者在你的左边，持枪指着你左侧的肋骨，在你的手臂前侧。

#02 用你的左前臂将持枪的手臂挡开，同时，左脚向侧后方对角线方向迈一小步，站到袭击者的侧面，离开手枪的射击范围。右手靠近手枪，但不要经过枪口前方。

#03 用你的左手抓住他握着手枪的手腕。同时，右手抓住枪管，开始将枪管转向袭击者的方向。

#04 在整个身体的帮助下，扭转袭击者的手腕朝他自己的方向。他再也不能紧紧握住手枪，手枪开始向他手指的方向滑落。

#05 用手枪击打他的腹部。

#06 朝他的裆部猛踢。

徒手技巧

面对持枪威胁的防卫术

#07

#07 解除他的手枪，朝后退一步，保持安全距离。

特写

防卫者收紧全身的力量,用手枪击打袭击者的身体。娴熟的技巧,加上手枪如钢铁般坚硬,应该能够很容易在冲突中占据上风。

PART 2 实战练习

> "这真的有用吗?"
>
> "我有足够的勇气来自卫吗?"
>
> "现在我学会了这些技巧,但如果我明天真的遇到这样的袭击,我能做出这样的反应吗?恐惧不会让我呆若木鸡吗?"

众多马伽术的练习者经常会在练习了一周之后提出这些疑问。只要他们在现实生活中平安无事,这些疑问可能就会一直伴随他们。

于是我们思索,我们探究,经历过的人也会和我们分享他们的经验;同时,我们提升自己的体能,磨炼技巧,训练反应力。我们在反复的练习中,不断实践,希望自己在"压力"之下完成这些技巧动作。

然而,不管是上课还是训练,我们永远没有办法模拟受到袭击的现实状况以及意识到遭受袭击之后的心理反应。

学习马伽术能让我们对自己的自卫能力重新恢复信心,这能让我们克服无知带来的恐惧。

学习马伽术能让我们学习可靠的、适用于每个人的打斗技巧。

然而,这并不能让你拥有超能力!它只能让你对暴力行为有更清晰、更端正的认识。不仅是别人的,还有你自己的。同样地,有规律性地练习能够让你在压力来临的时刻保持头脑清楚,自然地做出正确的决定,无论它是什么样的。

事实上,我们并非声称防卫术是"容易"的(在马伽术中,我们让动作尽可能简单,但并非容易),也并不是说在任何情况下都要实施防卫术,特别是没有深刻了解现实危险和风险的情况下。

在面对袭击的时候,如果可能,我们的第一建议是逃跑、商讨,甚至是接受袭击者的要求,如果他只是想要抢劫电话、银行卡或车钥匙的话。是的,这不值得我们为之去冒遭遇不测的危险。

但如果危险近在咫尺，确定可能有性命危险，甚至会波及我们身边的亲人，此时唯一的出路是自卫或反击，这时，马伽术毫无疑问是供你选择的危险性最低、最简单、成功率最高的方法。

　　这个决定需要当事人自己来做。你需要根据自己的身体状况和技能水平、自己的勇气和控制情绪（尤其是恐惧，不论他的练习水平和准备如何，恐惧都会一直存在）的能力而做出判断。

　　准备应对最坏的情况时的最好办法是什么？

　　练习。不断地、持续地练习。

　　不要忽视或拒绝任何一种情况，即使是最不利的形势。

　　对自己的水平永远保持开放、谦卑的态度，允许批评。

　　试着在最放松的状态下练习，对自己和置身处境无比清楚。

　　每天都对自己提出疑问……

　　这是永恒的功课！

实战练习 1

#01

#02

#03

#04

街战

·持玻璃碎片

袭击者拿着一块玻璃碎片，右手直接进攻，然后反手刺向你的喉咙。在这种情况下，首先闪避。你也可以在躲避的同时用脚踢向他，注意在他够不着你的情况下实施阻挡。

#01 袭击者在你的面前，距离适中，右手拿着一块玻璃碎片。

#02 他拿玻璃碎片的手从外向内朝着你的面部、喉咙刺去。你的头后仰躲避开来。

| #03 | 身体向前倾，用左手前臂外侧锋利部位进行阻挡，并且用胳膊贴靠住他的身体。 |

| #04 | 用右手直拳多次击打他的面部，左前臂继续控制住他拿着玻璃碎片的胳膊。 |

| #05 | 袭击者已被击昏，用你的右手抓住他握着玻璃碎片的拳头。 |

| #06 | 左脚直接踢向他的裆部。 |

实战练习 1

#07

#07 对他拿着玻璃碎片的手实施手腕抓锁。

#08 用力拧他的手腕,将袭击者放倒在地。

#09 现在,用抓锁术控制住他拿着玻璃碎片的手,迫使他松手。

#10 你现在可以从他的手中取出玻璃碎片了。

#11 保持安全距离，逃跑或请求支援。

> **建议**
> 可以在保持距离的情况下让袭击者出击几次，以便研究他的动作方式，以此决定在最好的时机反击。

实战练习 2

#01

#02

持枪威胁

· 坐着

在面对手枪威胁时的自卫需要沉着冷静、动作精准,并且意识到坐着这个姿势让防卫的技术难度增强,也更冒险。你需要遵循每一个步骤,尤其是第一步。

#01　你坐在一个桌子前,袭击者越过桌子上面,用手枪指着你的头。

#02 两只手抓住他的手枪向右移,同时,头向左偏。从动作一开始就站立起身。

#03 两只手紧紧地抓住手枪,将它朝右下方拉过来,但注意枪口在任何时候都不要指向自己。

#04 左手紧紧地抓住手枪,枪口朝外,右手直拳击打袭击者的脸部(可以多次击打)。

实战练习 2

#05

#06

#05　重新用两只手抓住手枪，准备解除手枪。

#06　干脆利落地一下子从袭击者手上顺着手张开的方向拔出手枪。

#07 用手枪击打袭击者的脸部。

#08 保持安全距离,逃跑或请求支援。

建议 1
这是一个学习利用身边物品的例子。桌子有可能阻碍我们,也有可能帮助我们,如让袭击者重心不稳。

建议 2
在学习过程中,要思考一切可能的办法。这个情景只是为思考各种冲突的可能性提供一些有趣的思索方向。

实战练习 3

#01

#02

割喉

因为不受任何体育规则（禁止攻击某些身体部位）的限制，针对某些袭击的姿势，我们可以采取非常简单而有效的反击。这也是马伽术的基本原则之一。建议你学习掌握这些很好的习惯性动作。

#01 一名袭击者用左臂内侧勾住你的脖子，束紧试图勒死你。

#02 用你的右手阻止他的胳膊收紧，同时，用你的左手掌击打他的裆部。

#03 两只手同时抓住袭击者的左手和左手腕,左脚向前一步,脚跟向外转动,让你的左肩顺势顶到他的腋窝之下,转过身去,准备实施手腕抓锁。

#04 双腿边转动,边伸直,依然紧紧地将袭击者的左手按在你的身前。你可以选择折断他的手腕。

实战练习 3

#05

#05 继续控制袭击者的左手。只要抓锁没有解除，你就依然控制着他。

#06 依然保持着手腕抓锁,用你的左小腿胫骨踢袭击者的裆部。

#07 保持安全距离,逃跑或请求支援。

> **建议**
> 如果踢向裆部的第一脚足够精准,可能就可以结束战斗了。接下来的步骤也就不需要了。

实战练习 4

#01

#02

前臂扼住咽喉

· 后背靠墙

马伽术的防卫动作必须越短越好。在这种情况下,用左手向右边推几厘米,同时将头向左侧移动,足够让你摆脱最主要的威胁。这是最简单且最直接的第一反应。

#01 袭击者将你按在墙上,他的左手抓着你,右前臂抵住你的喉咙,用力按压向墙壁。

#02 从靠近手肘的位置推他抵住你喉咙的胳膊，将你的头向左移动。同时左臂将他的身体紧紧贴住你。

#03 两只手紧紧地限制住他活动，右膝盖顶向他的裆部。

#04 你身体向左侧转动的同时，用左手肘从上至下击打他的后背。

实战练习 4

#05

#05 勾他的右脚让他失去平衡倒地,用右手继续控制着他。

#06 保持安全距离,但不要让他离开视线。

> **建议**
> 这种形式的攻击可能看起来威胁很小,用不着如此强硬的反应措施。但要知道,袭击者接下来的攻击可能会很激烈。

实战练习 5

#01

#02

踢腿

· 在台阶上

这个情景的特别之处在于两个人所处的空间：袭击者居高临下，因此处于有利的位置。你们两个人在台阶上移动的时候，都有可能因为缺少支撑点而失去平衡。

#01 你正在台阶上，另一个人迎面走下楼梯。

#02 袭击者左腿朝你直踢过来，你立刻用左前臂的内侧挡开。同时抬起右臂来自我保护。

#03 用右拳直接打向袭击者的裆部。

#04 抓住他，一边上台阶，一边向他的右侧侧身。

实战练习 5

#05

#05　将他推向墙壁,开始准备撤退。

#06 一边向台阶上方逃跑,一边看着袭击者,不让他离开视线范围。

建议 1
如同其他的体育项目一样,马伽术也对体能有要求,需要日常持续锻炼以增强体能。

建议 2
在这个例子中,我们可以看到好的身体平衡能力有多重要,能够将技巧应用在正规的体育场地(如运动场、拳击台或柔道场地)之外的能力也尤其重要!

实战练习 6

#01

#02

持刀威胁

· 背靠墙，喉咙被刀抵住

墙壁会限制防卫者的行动。但尽管难度增大，还是有解决办法。

#01 袭击者将你的后背抵在墙壁上，右手持刀抵在你的喉咙上，左手按住你的身体限制你的行动。

#02 顺着袭击者握刀的胳膊伸出你的左臂,压住他的前臂按在你的身体上。同时,右手抓住他握刀的手,紧紧地压在你的胸前。

#03 抬起右脚直踢向他的裆部,双手丝毫不能放松。

#04 继续抓着袭击者握有武器的手臂,按在自己的胸前,上半身向右转90度,实施手腕抓锁。

实战练习 6

#05

#06

#05 利用踢腿和抓锁带来的疼痛,用左手抓住他的右手腕,右手扣住他握着刀子的手。

#06 将手指伸进他的掌心,握住刀把,夺走他的刀。

#07

#07 抓住刀,后退,保持安全距离。

建议

为了防止被刀伤到,将握着刀具的前臂紧紧按在自己的胸腔之前。一直保持这样的控制直到有条件抓住刀。

实战练习 7

#01

#02

#03

#04

从侧面刀砍

· 坐立

在坐着的时候受到攻击会让防卫的难度加大。想要有机会扭转到对你有利的局面，你必须尽早意识到危险的来临。

#01 你坐着，一名右手持刀的男子从你的左侧向你靠近。

#02 袭击者从侧面挥舞手中的刀具，朝向你的面部砍来。

#03	一边起身，一边用你的左前臂向你的左侧挡开，同时右手直拳打向他的面部。
#04	用你的左手抓住他握刀的手腕，右手抓住他的右肩。
#05	右腿直踢向袭击者的裆部。
#06	如果你感觉到袭击者受了重创，后退一步，将他握刀的手拉到你的身前。

实战练习 7

#07

#08

#07 用你的右手对握刀的手实施手腕抓锁,以便让他松开掌心,握住刀柄。

#08 踢向袭击者的裆部。

#09 把刀抢过来。

#10 向后退一步，保持安全距离。

> **建议**
> 在这个位置上，想要阻止袭击并同时反击，必须要主动冲向袭击者的方向。在意识到遭遇袭击的时刻，不能惊慌，要将双脚牢牢地踩稳，挺直胸腔。因此，如果你能够幸运地很早就意识到袭击的来临，就向前挺直身躯，不要靠椅背太深。

实战练习 8

#01

#02

推人接大角度勾拳

袭击者在第一次袭击之前通常会有一个挑衅的动作（向前冲或握紧拳头），两个动作的衔接并不总是直接关联的。这就给了防卫者更多可以利用的机会。

#01 袭击者用两只手推了你一下。

#02 你不得不向后退了一步。

#03 袭击者握紧右拳,做出大角度勾拳的准备姿势。

#04 你可举起左前臂挡住他的拳头,同时,右直拳反击。

实战练习 8

#05 抓住他的胳膊和肩膀,同时,用小腿胫骨踢向他的裆部。

#06 左手手肘从上至下击打他的背部。

#07 如果需要的话，用右小腿胫骨踢向他的喉咙和太阳穴位置。

#08 向后退一步，保持安全距离，并观察袭击者，根据现场情况选择接下来的行动。

> **建议**
> 当袭击者做出大角度勾拳的准备姿势时，防卫者也可以侧身，用左手直拳击打他的脸部，防止被他推到。

实战练习 9

#01

#02

拳击

• 坐立

如果你在做动作的同时要改变身体位置，那么最关键的第一步是要躲开袭击，然后变换到对你有利的位置再进行反击。

#01 你坐在一张桌子前，袭击者从你的左侧向你靠近。

#02 他向你的左侧脸发动直拳攻击。一边起身，一边用左前臂的外侧挡住他的攻击，同手抬起右手。

#03 你的肩膀和骨盆同时转向袭击者的方向，右手直拳打向他的面部。同时，用左臂缠绕袭击者用来攻击的那只胳膊，用左手抓住袭击者的手腕。

#04 右手撤回的时候，正好抓住他的左前臂。

实战练习 9

#05

#06

#05 开始手腕抓锁。

#06 在手腕抓锁的帮助下,将袭击者放倒在桌子上。

#07 在必要的情况下,用左手肘击打袭击者的下巴。

#08 后撤,保持安全距离,观察袭击者的状况。

> **建议**
> 如果你很幸运地扭转了局势,占了上风,要注意控制自己的行为,不要做出过当的反击。

实战练习 10

持刀袭击

·被抓住，并且被刀抵住背部

当你在非常不利的情况下受到威胁，首先要考虑的是通过协商和对话解决危机。当你确定除了身体对抗别无他法的时候，选择用马伽术，它能为你提供保证最大成功率的解决办法。

#01 袭击者用刀抵在你的背后威胁，用另一只手抓住你的肩膀。

#02 如果情况允许，微微向后转头，看清楚袭击者的确切姿势。

#03 一边转身面向他，一边用右手掌的锋利面击打向他的裆部。转身的动作会将他持有刀具的胳膊压向他的胸口，也让刀口远离你的身体。

#04 用你的两只胳膊抱住袭击者的身体，继续控制住他握刀的手臂。

#05 不松手的情况下，右膝顶向他的裆部。

#06 抓住他握刀的手腕。

#07 左手紧抓住他的手腕不松开，用右手击打袭击者。

#08 右手帮助左手一起紧紧地抓住他持刀的手腕，小腿胫骨踢向他的裆部。

实战练习 10

#09

#09 向上扭他的手腕。这样的抓锁能够让袭击者失去紧紧抓住刀柄的力量。

#10 用你的右手握住刀柄。

#11	右手向后用力,从袭击者的手中夺刀。
#12	在松开他的胳膊之前,再朝他的裆部踢一脚。
#13	向后退一步,保持安全距离,视线不要离开袭击者。

> **建议**
>
> 这样的威胁是很可怕的,反击时必须掌握好基本原理:稳固的支撑点、重心平衡、很好地利用全身的力量,还要控制合适的距离等。

实战练习 11

#01

#02

棍棒攻击

· 被袭击者手持物品

在受到攻击时，所有手持或放在手边的器具都可以作为防卫武器加以利用，以便让袭击者失去平衡或者挡开攻击，让自己处于优势。

#01 你正走在路上，右手拎着一个包（或别的东西）；袭击者迎面向你走来，手里拿着一根棍棒。

#02 当他准备攻击的时候,将你手里的包朝他的脸上扔去,这个举动会让他大吃一惊,因而让你取得优势,让反击更有效。

#03 在保持防卫姿势的同时,左手直拳击打他的面部。

#04 紧接着右手直拳击打他的面部。

实战练习 11

#05

#05 接下来右腿直接踢向他的裆部。

#06 后撤一步,保持安全距离,捡起你的包。

#07 不让袭击者离开你的视线的情况下,准备逃跑。

> **建议**
> 包的重量和体积会让袭击者失去平衡。一根扫帚、一把椅子,甚至是一个钥匙串都可以加以利用。

实战练习 12

#01

#02

扼住咽喉

· 后背抵墙

在通常情况下，被扼住咽喉时，技巧是将上胸腔向后仰，以便轻松地逃离，然而身后的墙壁会形成阻碍。在这种情况下，将马伽术巧妙地融合进来，能让你能够找到一个适合的方法。

#01　袭击者用两只手掐着你的脖子，将你推到墙壁前。

#02 将右臂高高地抬起，右肩向前，让身体侧面对着袭击者。与此同时，用左手抓住袭击者的右手。

#03 用你的右侧小腿胫骨踢向袭击者的裆部。

#04 用你的右手抓住他的右肩。同时，将你的右脚抵在他的右脚跟后侧。

实战练习 12

#05 用向后推的力量将袭击者撂倒在地。

#06 如果感到袭击者还有威胁，用两只手抓住他的右手腕，将他的胳膊拉向自己的方向，用你的右脚跟蹬他的喉咙和下巴。

#07 准备撤退。

#08 一边紧盯着袭击者,不让他离开视线,一边撤退到安全距离。

> **建议**
> 在#05中,如果向后推不动的话,就试着向前用力。

PART 3 作者问答

作者问答

恐惧与勇气：如何提高心理素质？

关于心理素质的话题很有趣，近些年相关的讨论也发生了很多改变。30年前，人们认为心理素质需要在痛苦和不断被打击的磨炼中得到提升。

其实，心理素质事实上是勇气的表现形式，可以像锻炼肌肉，或者训练记忆力，甚至是克服幽闭恐惧症一样去提升。我们可以循序渐进、分阶段地提升心理素质。方法就是将练习者置身于可以克服的压力当中。之后，可以将压力水平逐渐提高；由于有了上一次克服压力的经验，练习者对于这一次的挑战就会感到更易承受一些，并循序渐进。

然而，就像每个人天生的身体条件不同，我们的心理素质也高低不一。有些人天生就很有勇气，而另一些人则不然。当然，在理想的情况下，教学应当有针对性，根据每个人不同的条件有所区别，尽量不让胆小的人和新手感到压力过大，否则会适得其反，练习者的心理素质不仅不会得到提升，反而会下降。

拿迈克·泰森举例吧，如果在他12岁的时候，人们就让他多次登上拳击台，让相当强壮的拳击手击倒他，泰森永远都不会像现在这样成为世界冠军。

允许人们表达恐惧，是为了更好地控制恐惧。现在还有很多练习武术的人认为感到恐惧是羞耻的，认为恐惧会把他们变成窝囊废。在这种情况下，有些人会为了在战斗中达到最好的状态，将这种感觉藏在心里，但这样压力会越来越大，经常会大到崩溃的地步。

因为我们天生就具有想象能力，因此恐惧也自然而然存在于我们的头脑中。毫无恐惧地投入比赛并不能让格斗者更强，相反，恐惧能够激发他成为最强者（在竞技比赛中）。克服这种正常的恐惧感（恐惧如果能得到很好地引导，甚至可能是有益的、富于激发性的）则会让他变得更强。

现在，让我们重新回到我在一篇报道中看到的内容。

泰森的纪录片展示了他职业生涯的巅峰时期，所有和他同时代的伟大拳击手和他一起登上拳击台时都会害怕他。但我们在片中也会看到他伏在教练的肩膀上痛哭流涕的画面。他说他害怕在稍后的比赛中被打败，让他的粉丝失望。他的教练仔细倾听着他的话，对他的话感同身受。1个小时后，焕然一新的泰森几秒钟之内就迅速击倒了对手。这就是心理辅导的结果，一旦恐惧被很好地接受和引导，那么冠军的技巧、体能和心理状态都能得到最好的发挥。

练习马伽术的经验会对学习一种有规则的体育运动带来好处吗？

跆拳道中有很多高劈腿和中劈腿的串联动作，对于练习腿部柔韧性很有帮助。练习柔道能够让你学会使对手失去平衡。我可以列出各种运动带来的益处。然而，马伽术的练习者要学习的是如何把这些技巧运用到马伽术的练习中，而非相反。

如果一个人的跆拳道练习太过专业，有可能会让他打向脸部的拳头力量、踢向腿部的脚的力量以及抓锁的力量太过薄弱。

而柔道练习者很难躲避打过来的拳头和踢过来的腿，因为他平常的训练就从未练习过躲避。

而泰拳练习者就很难躲过踢向生殖器的一脚，或是在贴身搏斗时的头部撞击。

马伽术应该对所有运动保持开放。把自己封闭在一种竞技运动中是个陷阱，这会让我们离最初的目标越来越远。我们的目标是在面对各种形式的袭击时，学习用最好的方式来保护自己。

如何提升战斗能力？

在打斗（或打架）之前，思考这个问题完全没问题。然而在面对袭击者的时刻，千万不要去想这个问题。防卫者接收到的信息和解决办法不是通过智力能够处理的。进攻、挡开、躲闪、阻击……这些动作都要和身体融为一体。要熟悉所有动作，让它们成为自然反应，以防打斗被延长。

马伽术是一种武术吗？

应该说，对于大多数学员来说，答案是否定的。

武术的定义应该是："一种战斗技能，为练习者带来喜悦。"

在任何情况下，马伽术都是一种自卫术。

我在此向你提出一个问题："在你看来，泰拳和空手道，哪一个更接近于武术？"

为了能让人感到喜悦，练习要注重发展个人能力。而我们必须同时付出努力、真诚，能力才会得到提升。总而言之，你必须自己决定是否练习一种自卫术、一种体育运动或武术。

空手道练习本该包含一些合乎身体逻辑的自然动作，才能发挥动作的最大功效。然而，在任何一种流派的空手道中，我从没看到过一个自然的动作。对于和我持同样看法的人来

作者问答

说，在这种门派中，练习者离真实越来越远，而这是不合乎逻辑的。如果练习者追求的是一种动作的美感，而不在乎实用性，打斗的意义也就消失了。而与此相反，练习泰拳的人如果能力不如对手，就会在比赛中失利。这是没有特例的真理。

更别提在比赛之前，萦绕在选手心中的恐惧和各种疑惑了，他必须在走上拳击台之前克服它们。一个想要通过考试（考试不是必须的）的选手都无一例外会感觉到这种恐惧，这在获得象征排位的腰带的过程中是必须的。恐惧是自我完善、自我掌控，最后获得一个更好的自己的必经之路。

太多的技巧会降低效率吗？

在欧洲马伽术联合会的教学中，我们的技巧都是非常有针对性的，充满了细节。然而，不久前，我时不时听到这样的说法：太多的技巧会降低效率。

在一场格斗或一次斗殴中，应当充分考虑以下三个要点。

第一，勇气和决心：不要将它与侵略性混为一谈。勇气和决心是自我防卫时最重要的品质。我们应当把它们置于技巧之前。

第二，策略很重要，它对于战斗的结果有决定性的作用。例如，面对一名更加高大的袭击者，我们不建议你退后。最好的办法是通过闪躲和阻击来限制他的行动，切断他的道路，这一点很难做到，尤其是当他用力击打的时候。这就需要一个"侵略性"的进攻了（这就是格斗的形式，但总是进攻，是挑衅、不遵守规则的）。最好的策略就是听从清醒头脑的调遣。而要保持明智，必须有决心、有真正的勇气不可。侵略性只会带来麻烦，让我们输掉打斗。除非对手的心理状态一样，这就让双方处于同一起跑线了。

第三，就是技巧。让我们假设（这几乎不太可能发生）两个选手的心理素质和身体条件（年龄、身高、体重、耐力、勇气和动机）都完全一样。其中一个的技巧更胜一筹。哪个人获胜的可能性更大？不用说，肯定是技巧好的那个人会获得胜利。

只要这样想就够了：在猛击向对手的时候，你的拳头打错了位置，你必须带着这只受伤的手继续打斗，这必然让你获胜的可能性大大降低。同样，用拳头连续击打时，击打位置过低有可能让对手轻松挡开，让你瞬间失去优势。

如果在对抗棍棒袭击时，时机刚好，然而你的手肘微微向外，前臂的骨头（尺骨）也会受伤，这会让你在接下来的打斗中吃亏。

所有这些细节都很重要，如同不要在进攻之前做让人轻易察觉出的准备动作，而是隐蔽至极，或者是用全身的力量来击打，还有，永远不要屏住呼吸，否则不易在长时间的打斗中保持体力。

对于网络上的各种介绍，你怎么看马伽术实战模拟？

在实战模拟中练习的最大好处就是有乐趣。然而，它无法代替技巧练习，更别提在获得腰带之前需要经历的比赛了。在比赛之前，选手会经历一段紧张期，他必须在比赛当天克服它。这个部分是我们能要求的唯一的"真正的考验"。我们平时做的其他模拟练习有好处，但不是真正的考验。遇到真正攻击时的现实情况和心理压力和我们在练习中理性的描述可能大相径庭。

马伽术中遵从的兼收并蓄原则是一种力量，还是最可怕的缺点？

如果丢掉马伽术的基本逻辑，这种自我防卫术有可能会变得面目全非，因而在兼收并蓄的同时也要提高警惕。

例如，一位天性乐观的马伽术教练可能会找来一位地面技巧专家，以便让学生和自己在这个专门的技巧上获得突破。而这位专家教授的80%的内容对于街头战斗可能完全没用。更糟糕的是，他可能会让学员养成一些习惯性动作，在遇到进攻时可能有害而无益。我们当然不应该忽视地面技巧，我们应当学习，并好好掌握，但是专攻它是很危险的。因为我们有可能会在完成抓锁时被狠狠地咬一口，或者被戳瞎一只眼睛。从而一部分刚开始练习的学生会确信这种体育运动式的地面技巧是灵丹妙药，尤其是在见识到这方面的专家之后。

因此，即使只练习马伽术，也有可能离我们最初的目标越来越远。

作者问答

为什么说牢记马伽术的基本原则是非常重要的？

以自卫术中的马伽术为例，综合格斗（译者注：一种规则极为开放的竞技格斗运动。既允许站立打击，也允许地面缠斗。比赛允许使用拳击、巴西柔术、泰拳、摔跤、空手道、柔道等多种技术）的出现会让我们质疑对格斗这项体育运动的信仰，并重新调整对它的看法。我们中的很多人都对它很感兴趣，这是一件好事。但不要忘了，它毕竟是一项有规则的体育运动（规则很简单明了，但仍然存在）。

最近，越来越多的格斗运动员练习马伽术，我观察到他们在比赛的时候，总是先观察几分钟，然后习惯性地要将对手撂倒在地。这个策略和马伽术的基本原则是格格不入的。马伽术是自卫防身术，实际上，对于那些在周围有钢丝围住、地面加软垫的"八角笼"里（译者注：专门用于格斗的封闭擂台）经历过专业训练的运动员，把他们在综合格斗中展示的自卫术用在街头受到攻击时，是非常不明智的。地面高低不平，还很硬，人行道上有突出的边缘，身边的各种物品（家具、汽车、电线杆……），甚至在你倒在地上的时候，袭击者的同伙可能赶过来，这些都是十分危险的，需要尽可能避免。并且，必须意识到，花很多的时间保持一个固定不动的姿势可能很危险，如果那个人毫无原则，他有可能会咬你，甚至用双腿缠住他的胸腔的自卫方法也有可能会带来麻烦……

我在安全保卫领域工作了12年，但从没有去核实过这个数字：据说80%的袭击最后都以地面缠斗收场，原因我刚才已经解释过了！即使是在综合格斗中，随着练习水平的提高，练习者需要越来越多地学习如何在地面缠斗中自卫，以及在被摔倒的时候如何快速起身的技巧。

因此，如果想要继续学习马伽术，记住基本原则是很重要的，要学习如何站着搏斗，防止自己被摔倒在地。一旦被摔倒在地，如何阻挡对方的击打和抓锁。我们不能故意去寻求进行地面缠斗战，而忘记了马伽术的"技巧"：用手指戳眼睛、抓住生殖器官、咬等，尤其是找准位置进行反击。要做到这些，好好地消化吸收课程是很有必要的。

最后，我引用伊米有天对我说的一句话："要对课程有信心，因为它是很实用的，它教你用最有逻辑的、也是最自由的方式做出回击，仅此而已。"

人们说的"侵略性"是什么意思?

辞典对于"侵略性"的解释是:"有攻击的倾向,对他人做出恶意的动作或口出恶言的意图。"通常情况下,我们需要在脑中预设让自己镇定下来。大多数的练习都是在高度紧张的情绪下处理假装的攻击,我们都知道,这不是真实情况。多数学员都知道,我是坚决反对这一点的。在马伽术的学习过程中,我总是以最慢的速度教技巧。当我们掌握了最细微的技巧,就可以在最快的速度中运用它(想要练得好,这是必须)。但是我总是主张说防守者和袭击者的压力是一样的,甚至袭击者的压力在某种程度上来说更大一些。

实际上,在真实发生的攻击中,"爬上塔尖"比保持低压状态要简单。或者说,这种侵略性训练让防卫者处于最大的压力状态,而袭击他的人反而是假装的。你认为这个总是信心百倍的练习者在面对真正的袭击时,可能会做出什么样的自然反应?他可能会觉得自己必须再将压力提高一些。而问题是:他已经到头了。这种状态会带来很多副作用:呼吸紊乱、肌肉痉挛等。此时,你对体力的控制已经很差,很快会精疲力尽、体能衰竭,这会让你失去理智,甚至是带来恐慌。身体的焦急会带来精神的焦虑,这是紧密相连的。

与其扮演个小战士,内心想"我从不害怕,从不感到疼痛!看看我,面对一个假装袭击我的人,我是多么勇敢无畏!"我建议你去探寻自己内心的决心,这决心只能通过真正的勇气带来。这也就是为什么从绿带开始,每获得新的腰带,都必须要经历一场硬战的考验。

我们可能会将侵略性和勇气混淆。这两者没有必然关联,尤其是表面上的侵略性。真正极端的身体暴力是很危险的,因为即使没有任何理由,受它影响的人有可能会突然失去控制。另外,这种分裂的状态对于深陷其中的人本身也是很危险的。他可能会在无意识的情况下把自己弄骨折,甚至是更糟。面对这样的人,如果你没有僵住,反而鼓起了勇气和决心;如果你能够保持镇定,控制情绪,你的能力会得到百分之百的发挥,不必怀疑。

问题在于我们遇到这些情况之前,不知道自己会如何反应。而且,在不同的日子,我们面对交锋时的反应也会不同。必须接受"我们永远无法预知"这一点,在冷静、不自我欺骗的状态下进行训练。

尽管如此,要注意:就像不要把侵略性和勇气混为一谈一样,也不要把镇定和缺乏警惕性、疲软混淆在一起。

对于那些从未见过伊米,但却号称自己追随过他,并且到处鼓吹侵略性的人们,我要对他们说:这不仅是一条让马伽术在精神层面越走越窄的道路,而且完全背离了伊米的远见卓识。

图书在版编目（CIP）数据

以色列马伽术：徒手格斗大全 /（法）理查德·杜耶布，（法）雅恩·维耶朗，（法）贾迈勒·瓦齐内著；（法）嘉艾堂·伯纳德图；洪安琪译. —北京：中国轻工业出版社，2025.3

ISBN 978-7-5184-2440-5

Ⅰ.①以… Ⅱ.①理… ②雅… ③贾… ④嘉… ⑤洪… Ⅲ.①格斗-介绍-以色列 Ⅳ.① G853.82

中国版本图书馆 CIP 数据核字（2019）第 068302 号

版权声明：
Le manuel officiel du Krav Maga © Hachette Pratique (Hachette-Livre), Paris 2017
Simplified Chinese version arranged through Dakai-L'agence

责任编辑：翟　燕　　　　责任终审：劳国强
整体设计：锋尚设计　　　责任校对：李　靖　　责任监印：张京华

出版发行：中国轻工业出版社（北京鲁谷东街5号，邮编：100040）
印　　刷：天津裕同印刷有限公司
经　　销：各地新华书店
版　　次：2025年3月第1版第11次印刷
开　　本：787×1092　1/16　印张：17
字　　数：200千字
书　　号：ISBN 978-7-5184-2440-5　定价：98.00元

邮购电话：010-85119873
发行电话：010-85119832　010-85119912
网　　址：http://www.chlip.com.cn
Email：club@chlip.com.cn

版权所有　侵权必究
如发现图书残缺请与我社邮购联系调换
250379S6C111ZYQ